CHINA LEGAL EDUCATION RESEARCH

教育部高等学校法学类专业教学指导委员会
中国政法大学法学教育研究与评估中心　　主办

中国法学教育研究

2020年第4辑

主　编：田士永
执行主编：王超奕

中国政法大学出版社

2021 · 北京

图书在版编目（ＣＩＰ）数据

中国法学教育研究.2020年.第4辑/田士永主编.—北京：中国政法大学出版社，2021.4

ISBN 978-7-5764-0079-3

Ⅰ.①中… Ⅱ.①田… Ⅲ.①法学教育－研究－中国 Ⅳ.①D92-4

中国版本图书馆CIP数据核字(2021)第177689号

出　版　者	中国政法大学出版社
地　　　址	北京市海淀区西土城路 25 号
邮寄地址	北京 100088 信箱 8034 分箱　邮编 100088
网　　　址	http://www.cuplpress.com (网络实名：中国政法大学出版社)
电　　　话	010-58908289(编辑部) 58908334(邮购部)
承　　　印	北京九州迅驰传媒文化有限公司
开　　　本	650mm×960mm　1/16
印　　　张	16.5
字　　　数	190 千字
版　　　次	2021 年 4 月第 1 版
印　　　次	2021 年 4 月第 1 次印刷
定　　　价	69.00 元

目 录

CONTENTS

百花园

目 录

Spring Garden

法学教育

Legal Education

武昌中华大学法律教育考论
（1912—1938 年）

◎刘浩田 [*]

摘　要：武昌中华大学是近代第一所由中国人独立创办的私立大学。自 1912 年建校时始，法律教育便一直是中华大学作育英才的重点，经历了草创维艰、跛脚前行、初步正轨和春华秋实四个阶段，至 1938 年抗战西迁方被迫停办。在二十六年的法律教育史中，中华大学在学科体系、师资队伍、学术科研、人才培育和学生活动等方面皆可圈可点，只是在私立大学的桎梏下，颇有体量不足、课程因循和资金匮乏的缺憾。回溯中华大学法律教育的办学经验，意在倡导以多层次人才和多学科整合为突破口，鼓励民办法学教育资源涌流，发挥大学校长的引领效应，为当代中国法学教育的蜕变提供新的路径。

---

* 刘浩田，男，中国政法大学法学院法律史专业硕士研究生。

关键词：武昌中华大学　法律教育　私立大学

中国近代法律教育的发展轨迹，是社会急遽变革、中西交融激荡的缩影。梳理近代法律教育变迁史，可以有效透视学府与政府、法律与法学的复杂面向，进而剖析中国法治近代化的艰难历程。比较而言，清季新政的法政学制意在"养成官吏普通政治之知识、模范全国之宗旨"[1]，难以脱离官僚养成所的兴味。真正的应用法学、理论法学人才培养，须在民初以后加以考察。但是，目前民国法律教育史的研究多集中于官办学校，对同时期的私立大学、教会大学、专门学校等姊妹办学机构着墨甚少。即便对后者施以青眼，学者也常以"北朝阳、南东吴"[2]遮蔽其余诸校之光彩，不能不谓缺憾。

实际上，武昌中华大学（下文亦称"中华大学"）作为中国第一所不依靠官府、教会和外国人创办的私立大学，自 1912 年创立即开办法律别科，至 1938 年抗战西迁被迫停办，系当时全国十所坚守法律教育的私立大学之一，也是中部唯一坚守的私立大学。中华大学二十六年法律教育史，其完备的课程设置、多样

---

〔1〕 欧阳弁元：《酌拟课吏馆改设法政学堂章程禀（并批）（1905 年）》，载潘懋元、刘海峰编：《中国近代教育史资料汇编：高等教育》，上海教育出版社 2007 年版，第 131 页。

〔2〕 学界在"北朝阳、南东吴"上研究成果颇丰，以东吴大学所受赞誉最广，如〔美〕艾莉森·W. 康纳：《培养中国的近代法律家：东吴大学法学院》，王健译，载《比较法研究》1996 年第 2 期；李贵连：《二十世纪初期的中国法学》，载《中外法学》1997 年第 2 期、第 5 期；李龙、邝少明：《中国法学教育百年回眸》，载《现代法学》1999 年第 6 期；杨振山：《中国法学教育沿革之研究》，载《政法论坛》2000 年第 4 期等，不胜枚举。王健教授在《中国近代的法律教育》中更是以"北有朝阳，南有东吴"作为节名代指近代私立大学法律教育，参见王健：《中国近代的法律教育》，中国政法大学出版社 2001 年版，第 225 页。近年来如刘猛：《论中国现代法学学术之开端》，载《华东政法大学学报》2016 年第 1 期，依旧持此论。

的培养方案和耐久的学科韧性与东吴大学、朝阳大学等多有分异，足称华中地区法律教育之典范。本文欲就此略陈管见，以求教于方家。

一、中华大学法律教育史况

（一）草创维艰：专门部法律别科的试验（1912—1915 年）

中华大学初名"私立中华学校"，系辛亥革命后湖北黄陂仕宦陈宣恺、其子陈时毁家而办，校舍租于武昌昙华林。彼时，刚自日本留学归来的陈时，已察遍东京宏文学院、庆应大学、早稻田大学和中央大学，在获中央大学法学学士后毅然归国。陈时以庆应私塾为榜样，认为要"以教育为陶冶共和国民要图"，遂劝说父亲和叔父以"两家幸福之供给，皆愿牺牲为本校作基础"[1]，于 1912 年 8 月开始招收中华学校第一批学生，[2] 并于 1913 年 4 月呈请教育部改"中华学校"为"武昌中华大学"。

当时，学校分设男生部、女生部和专门部，专门部中有法律、政治经济两个别科。1913 年秋，因历史原因而停办的江汉大学（设有法律科）和中华法政学校 300 多人并入中华大学学习，进一步扩充了中华大学法学办学实力。至 1915 年 3 月，教育部视察后认可该学校为大学，6 月，专门部法律别科第一届毕业学生 145 人。正因前述二校汇入，中华大学一时学风蔚起、硕学荟萃：任教法学的有戚运枢、姚名帛、汪泫、刘燮臣（后湖北省政府保安处军法官）等先生；英文教员邹昌炽后留学美国西北大学获法

〔1〕 武昌中华大学编：《武昌中华大学二十周年纪念特刊》，1932 年校内编印，"弁言"，第 1 页。

〔2〕 武昌中华大学编：《武昌中华大学二十周年纪念特刊》，1932 年校内编印，"大事纪要"，第 4 页。

学博士学位；学生之中高维狱、张利用等以政府承审员、典狱员
供职。[1] 其中，武昌军政府司法部长、江汉大学校长张知本，
在 1913 年第一届国会参议院解散后，斥云："余至北京，目击民
主徒具形式，其真义尚未为世所知，深虑国会不足有为。"[2] 其
遂毅然弃政，投中华大学任教，至 1917 年离校随孙中山南下护
法，四年间对中华大学开拓思潮、完善法政学制有着重要
影响。[3]

但是，中华大学法律别科教育并未延续，反而在 1915 年第
一届别科生毕业后戛然而止。其中的缘故在于：其一，民国初年
法政学校及院系发展泛滥，私立大学首当其冲成为整饬对象。诚
如蔡元培所说，"毕业预科者，多入法科，入文科者甚少，入理
科者尤少，盖以法科为干禄之终南捷径也"[4]，受法学教育者往
往可仕途坦荡、青云直上，求学者一直蜂拥而至。以 1913 年全
国高校教育统计数据为例：法政专门学校 56 所，比医学、农业、
工业、商业和外国语学校之和多出 23 所；法政专门学校学生
27 848 人，法学本科学生 1059 人，分别是其余各科学生总和的 2
倍和 3 倍。[5] 这种人浮于事、营利为首的法律教育乱象冲击了

---

〔1〕 参见《校友消息》，载《中华周刊》1935 年第 526 期，第 7 页；《校友消
息》，载《中华周刊》1935 年第 533 期，第 7 页；《校友消息》，载《中华周刊》1935
年第 534 期，第 7 页。

〔2〕 沈云龙访问，谢文孙、胡耀恒纪录：《张知本先生访问纪录》，台湾"中研
院"近代史研究所 1996 年版，第 38 页。

〔3〕 参见章开沅主编：《辛亥革命辞典：增订配图本》，武汉出版社 2011 年版，
第 236 页。

〔4〕 蔡元培：《就任北京大学校长之演说》，载高平叔编：《蔡元培教育论著选》，
人民教育出版社 2017 年版，第 75 页。

〔5〕 参见《全国高校数历年比较表》（1912 年至 1916 年）、《全国高校学生数历
年比较表》（1912 年至 1916 年），载潘懋元、刘海峰编：《中国近代教育史资料汇编：
高等教育》，上海教育出版社 2007 年版，第 821~822 页。

教育资源的均衡配给和多学科并行的秩序，迅速引起黄炎培等有识之士的忧虑，[1] 也难为政府所容忍。1913 年，教育部就严厉申斥道："法政专门学校……创办者视为营业之市场，就学者藉作猎官之途径，弊端百出，殊堪殷忧。"[2] 教育部进而要求私立法政专门学校停办或改为法政讲习所。中华法政学校正是在这种背景下于 1913 年并入中华大学，且顺理成章地将缩减法律教育规模的紧箍咒一并携入，导致此后的法科和专门部法律科毕业生锐减。

其二，更深层的原因是，别科导源于 1907 年学部《京师法政学堂章程》，"专为各部院候补、候选人员及举、贡、生、监年岁较长者在堂肄习，不必由预科升入，俾科速成，以应急需"。[3] 别科学生并非全部需要考试入学，有官绅职衔之人通常可直接入班学习。由此，别科成为晚清培育司法人才的揠苗工具。特别是 1910 年《学部奏改定法政学堂章程折》中，将法政学堂的生源由"各部院候补"改为"已入仕人员"，俨然将别科塑造为官僚进修班，丧失了法政人才养成的原始意蕴。故此，民国初年壬子癸丑学制（1912 年）实行时，别科在《专门学校令》中并无地位，专门学校只得设预科及研究科。只是"民国肇建，

---

〔1〕 黄炎培认为："今之论中国者，莫不以民多分利、少生利为致贫弱之一大患。习法政者所为事业，分利事业也，其趋之也如彼。……今悉一国才与智，以从事法政专门教育，有治人者，无治于人者，有官而无民，方以民国冠于天下，其结果乃名实相整至此耶。"参见黄炎培：《教育前途危险之现象》，载中华职业教育社编：《黄炎培教育文选》，上海教育出版社 1985 年版，第 12 页。

〔2〕 《教育部咨各省民政长请饬省外私立法政专门学校酌量停办或改为讲习科文》，载《政府公报》1913 年第 560 号，"公文"，第 10 页。

〔3〕 璩鑫圭、唐良炎编：《中国近代教育史资料汇编：学制演变》，上海教育出版社 2007 年版，第 570 页。

法政人才需用孔亟，自应量为变通"〔1〕，后又准许原有别科运行
至 1915 年 7 月 31 日停止招生。中华大学在 1912 年招收的专门部
法律别科生，自然只能按令在 1915 年毕业后停办。不过，中华
大学法律别科教风严谨，将不及格学生成绩、操行一应上呈，得
到了教育部首肯。教育部认为学校别科在教育部督查的考试中
"遵照部章，办理至为详慎……惟别科早经部令停办，该生等若
不准予毕业、留级转学，均属困难，亦非国家造就人才之意，应
即一体准予毕业，用示体恤"〔2〕，对中华大学颇为宽大。同时，
由于江汉大学、湖北省立法政学校等校转入的法律别科学生需要
补习课程，学校由教育部饬令仿照中国公学编制分级补习办法，
即专设法律别科补习第一班、第二班。1917 年 2 月和 12 月，分
别有何渭清等 5 名、曹伟等 40 余名法律别科生迟延毕业，中华大
学法律别科事业方缓缓落幕。〔3〕

　　总的来说，在 1915 年教育部认可中华大学为《大学规程》
之"大学"前，中华大学的学科建制以专门学校为准，其法律别
科亦依《法政专门学校规程》运转。只不过，《法政专门学校规
程》大体是依《大学规程》中法科的入学资格、修业年限、分科

---

〔1〕 《教育部暂准法政专门学校设立别科令》，载《教育杂志》1912 年第 9 号，
"法令"，第 32 页。
〔2〕 《咨湖北巡按使私立武昌中华大学法律政治经济别科两班学生毕业照准文》，
载《教育公报》1916 年第 2 期，"公牍"，第 41~42 页。
〔3〕 参见《咨湖北巡按使私立武昌中华大学拟定转学各生补习办法分别核复文》，
载《教育公报》1915 年第 7 期，第 34~35 页；《咨湖北省长武昌私立中华大学除刘寅
一名外政治经济别科法律别科别科补习大学预科补习各生均准毕业文》，载《教育公
报》1917 年第 5 期，"公牍"，第 16~17 页；《咨湖北省长武昌私立中华大学政法两科
补习班学生及补考各生毕业成绩表应准备案一文》，载《教育公报》1918 年第 3 期，
"公牍"，第 38~39 页。

结构和课程设置制定的，[1] 中华大学组织法律教育的内容与形式与大学法科基本一致。同时，溯其源流，中华大学法律别科明显师法日本。陈时负笈东渡，受庆应义塾创始人福泽谕吉影响，深信教育为日本兴国之本，也是中国治愚救国、祛除贫弱的良方。从 1890 年始，福泽谕吉在庆应义塾大学部设文学、理财、法律三科，开日本私立大学法律教育之先河。此后，法律专科学校在日本兴起，成为明治后期国家主义教育、帝国主义教育的代表。陈时所获法学学士之母校日本私立中央大学，即为原私立英吉利法律学校更名而来。[2] 受此启发，陈时亦以法政、经济为办学重点，先从专门学校办学体制起步，继而接入规模齐备之私立大学，期待以实用主义著称的日本西化教育可一改中国传统学堂"只谈经纶、不论实务"的时弊。

不过，法律别科是陈宣恺、陈时父子探索中国本土私立大学法律教育的试验田。它青苗初长的勃勃生机和"看天吃饭"的诸多掣肘，给中华大学法律教育的曲折前进埋下了伏笔。

（二）跛脚前行：法科经济学门的窘境（1916—1922 年）

1915 年暑假后，中华大学开始依大学学制开办本科，并于 9 月开文科本科中国哲学门，为全国私立大学本科教育之先锋，中国共产党早期领导人恽代英即为该届学生之一。但是，由于法律别科停办后招生滞后，加上课程改制需时甚长，中华大学直至 1916 年 3 月才开办法科大学经济学门，并获司法部认可。1917 年，学校开办商科大学本科交通学门，形成文、法、商三科并行

---

〔1〕 参见曾宪义、王健、闫晓君主编：《律学与法学：中国法律教育与法律学术的传统及其现代发展》，中国人民大学出版社 2012 年版，第 355 页。
〔2〕 参见王桂编著：《日本教育史》，吉林教育出版社 1987 年版，第 188 页。

之学制。1919 年 6 月，在五四运动的浪潮中，法科经济学门共 15 名学生毕业，其中有饶光荣先至中央检定大学任训育主任，后回中华大学任教授。

奇怪的是，依《大学规程》，法科科目应分法律学门、政治学门及经济学门，原本以法律别科见长的中华大学暂时放弃法律学门的建立。据陈时回忆，学校"从开办以来，就一直没有大宗固定基金，也没有一个强有力的经济后台"[1]。1912 年到 1914 年，在没有国家财政支援和基金扶持之下，中华大学却有三分之一的学生享受公费。1916 年到 1919 年，学校经费消耗殆尽，陈时称此时"为最困难时期，因班次多而学生人数减低，又正值学制趋向变更，学生人数中学多于大学，故大学负担特重"[2]。相较于法律学门，经济学门办学耗资低、学制更迭少，适宜转制，故先以经济学门为改革先导。

但是，中华大学经济学门实由原来的政治经济别科改造，单独置于法科之下以仿行日本学制，实与真正意义上的法律教育大相径庭。一方面，依《大学规程》第 9 条大学法科科目设置，经济学门的法定 26 门课程中，仅有宪法、民法、商法、经济行政法为必修课，行政法、刑法总论、国际公法、国际私法为选修课。过度扩充"法科"的外延，却无法精准填充其内涵，实则无益于法科人才的专业培育。另一方面，以大陆法系法学院建制之常态观察，法律、政治和经济同归一院是为了"理想的公正意

---

〔1〕　陈时：《我的检讨》，华中师范大学档案馆藏，编号：中华大学-LS12-59-002。

〔2〕　陈时：《我的检讨（补充）》，华中师范大学档案馆藏，编号：中华大学-LS12-59-004。

义""设备的经济"[1]，且在门类之中既以"法律学门"为三门
之首，足见法科之中法学本位已被确立。而中华大学法科只有经
济学门，而无法律学门，颇有穿凿附会、舍本逐末之憾。

或许正是看到法科设置残缺不全，陈时在 1917 年就任校长
后着手恢复专门部法律科建制，并于 1918 年招收专门部法律科
第一班学生，使得法科本科之外有法律教育的栖身之地。此时，
中华大学法律教育在名义上有法科、专门部法律科两大阵营，实
际只有后者孕育法学人才。并且，与其他私立大学相比，中华大
学专门部法律科招生少、转型慢、经费缺，其起步早的优势失去
了用武之地。[2] 这种双轨制的存在，是该时期中华大学法律教
育破碎化、两张皮的重要表现，也是中华大学法律教育先天不足
的病灶所在。

（三）初步正轨：壬戌学制与学系独立（1922—1926 年）

中华大学法科依旧遵循大陆法系办学期间，以蔡元培为首的
教育改革家已经在北京展开了新一轮大学改制运动。1917 年，受
东吴大学异军突起和留美学生回潮影响，蔡元培明确表示，分科
建校必须从取法日本转向美国，原《大学令》七科中的"法、
医、农、工、商五科，别为独立之大学，其名为法科大学、医科
大学等"，并在北京大学发起"法科独立之预备"[3]。其后，在

---

〔1〕　孙晓楼：《法律教育》，中国政法大学出版社 2004 年版，第 45、49 页。
〔2〕　朝阳大学在 1913 年开始专门部法律别科招生，此后未断，至 1922 年 6 月已
为法律科第七次毕业，毕业人数 98 人；而中华大学虽在 1912 年开始法律别科招生，
但仅在 1912 年招收一届，且 1915 年停办后又耽搁 3 年方恢复专门部法律科，1922 年
始为第二班毕业，已较包括朝阳大学在内的私立大学逊后良多。数据参见：《附北京
私立朝阳大学专门部法律本科第七次毕业生名单》，载《教育公报》1923 年第 2 期，
"记载"，第 18~19 页。
〔3〕　蔡元培：《大学改制之事实及理由》，载高平叔编：《蔡元培教育论著选》，
人民教育出版社 2017 年版，第 129~130 页。

打破学科隔膜、融通文理法商的过程中，蔡元培认为独立大学尚为表浅，1918 年后又大力提倡"学门"改为"学系"，在北大先行科系整合。[1] 在蔡元培强大的号召力下，教育部认可了北大改制方案，并在 1912 年壬子癸丑学制试验十年后，通过全国省教育会联合会讨论新学制，于 1922 年 11 月 1 日公布了《学校系统改革令》。

当时，陈时正着手改革中华大学组织架构：先在 1921 年 4 月设立校董会，积极开展海外考察、募捐和建设新校舍。对于北京教育风云之变幻，陈时安然接受，根据壬戌学制的要求，于 1922 年 8 月试行新学制，首次在法科之中开设法律学系，入学后四年毕业，为中华大学法律本科教育之滥觞。但是，随着北伐军胜利夺取武汉，武汉国民政府于 1926 年 9 月迅速改革北洋政府的旧高等教育政策，将国立武昌大学、商科大学及省立文科大学、法科大学、医科大学、中华大学大学部及专门部合并，改组为国立武昌中山大学。中华大学在 1926 年 6 月将法科法律学系 3 人、经济学系 9 人共 12 名学生匆匆毕业后，便无法独立办学，在近代高等教育史上隐退一年有余。在本科之外，由于法律专科入学门槛较低、修学年限较短，专门部法律科自 1921 年至 1926 年，共计招收法律科五班次、毕业学生 364 人，远比本科繁盛，成为中华大学法律教育的突出成果。

这一时期，在陈时带领下，中华大学法律教育呈现出欣欣向荣之风貌。其一，寒暑假学校成效卓著。1922 年创办暑期学校后，陈时力邀学界名流赴鄂讲学。如梁启超讲"湖北在文化史上

---

〔1〕 参见杨瑞：《北京大学法科的缘起与流变》，载《近代史研究》2015 年第 3 期，第 100~101 页。

之地位与将来责任"[1]，高一涵讲"女子参政问题"[2]，杜里舒讲"德国妇女运动之经过"[3]，亦有康有为、黄炎培、陈鹤琴等诣校讲演，使五四运动后的中华大学兴起讲学新风。其中，高一涵作为新文化运动的干将，在 20 世纪 20 年代中国法政史上地位显赫。来校讲学前，其多次撰文批评国会及省宪法之流弊，后在中华大学讲女子参政时振聋发聩地提出"经济独立""教育平等"和"权利平等"是男女平等参政的基础，必须革除宪法、众议院议员选举法中歧视女性之条款，并废除民律继承编中对女子财产权的剥夺。高一涵的到来，使湖北地区五四运动的指挥部——中华大学的学生，尤其是法科学生之思想得到进一步洗练。其二，经费来源充沛，教学硬件优化。在萧珊珊等士绅支持和法国庚子赔款、中华教育文化基金会资助下，中华大学先后建起中大楼、华大楼、大礼堂和学生校舍，粮道街校区基本成形。法科作为学校三大科之一，在教学设备、图书资料和学生校舍等供给上有了重大进展。其三，学生培育有道。在 1926 年毕业的法科法律学系、经济学系 12 名学生中，有官职或身份可考的至少 6 人（见表 1），其从事职业涵盖军事、行政、教育等领域，是中华大学早期法律教育收效的重要佐证。

〔1〕 《梁任公到鄂讲演记》，载《新闻报》1922 年 9 月 3 日，第 1 版。
〔2〕 高一涵：《女子参政问题（在武昌暑期学校的讲演稿）》，载《晨光（北京）》1922 年第 2 期，第 1~6 页。
〔3〕 《杜里舒夫人在鄂之讲演》，载《民国日报》1923 年 1 月 11 日，第 6 版。

表 1　1926 年中华大学部分法科毕业生就职情况[1]

姓　名	学　历	单　位	职　位
魏品章	法科法律学系	蒲圻县第一区、第四区	区　长
蔡步青	法科经济学系	陆军骑兵第三旅	中校、军法处长
杨悦祖	法科经济学系	中央陆军军官学校	英文主任教官
李光炼	法科经济学系	省立商级商科学校	童子军教练员
喻经华	法科经济学系	武昌中华大学附属初中	数学教师
孙保民	法科经济学系	武昌中华大学附属初中	党义教师

（四）春华秋实：法律学系的独树一帜（1928—1938 年）

1926 年 12 月武昌中山大学正式建立后，中华大学停办一载有余。期间，武昌中山大学法科法律学系合并了中华大学法科法律学系、专门部法律科，由陈锡符、刘芬担任法科委员会委员执行科系管理。但随着蒋介石发动"四一二"反革命政变，武昌中山大学进步师生受到强烈打压，学校无法在白色恐怖下正常开展教学工作，校改组委员会被迫瓦解。1927 年 12 月 24 日，武昌中山大学被勒令停办，原合并诸校陷入分离风潮。

1928 年 1 月，中华大学在汉校友发起复校运动，要求湘鄂临时政府恢复中华大学独立办学。在习文德（后湖北省参议长）、姚名帛、邓翔海、蓝芝浓等人的积极运动下，3 月 13 日，中华大

---

[1]　参见《校友消息》，载《中华周刊》1934 年第 491 期，第 7 页；《校友消息》，载《中华周刊》1934 年第 494 期，第 8 页；《校友消息》，载《中华周刊》1935 年第 528 期，第 8 页；《校友消息》，载《中华周刊》1935 年第 535 期，第 8 页；《校友消息》，载《中华周刊》1936 年第 559 期，第 8 页；《校友消息》，载《中华周刊》1937 年第 596 期，第 8 页；武昌中华大学编：《武昌中华大学二十周年纪念特刊》，1932 年校内编印，"现任教职员提名录"，第 10 页。

学正式复校开学。复校后，学校根据 1928 年 5 月中华民国大学院《整理中华民国学校系统案》（即"戊辰学制"）的要求，改行法国学制、推行党化教育，取消了此前"科、学系"的设置，转为"学院、系"两级建制，成立文学院、理学院和商学院，法律学系隶属文学院下，成为中华大学 13 系之一。1928 年 9 月，湖北省教育厅函送私立湖北省法政专门学校学生 500 余人转学中华大学。

尤值一提的是，除文学院法律学系外，中华大学专门部法律科在 1928 年复校后仍在招生，1928 年 12 月、1929 年 6 月和 1929 年 12 月分别为专门部法律科第六班、第七班和第八班共计 109 人毕业，在 1930 年 6 月和 12 月分别补毕业 2 人后，专门部法律科终结了其办学历程。自此，中华大学法律学系成为校内唯一培育法律人才的学系，在此后的 8 年间迎来了鼎盛时期。

第一，在师资队伍上，中华大学不拘束于理论名师，而更注重实务界人士的延聘与引介。在 1928 年复校后，文学院院长为邹昌炽（美国西北大学法学博士），法律学系主任为胡嗣江（原湖北省立法科大学教授），其余教师如胡竞存（原武昌中山大学教授，校事务长兼商学院院长）、陈世仪（原湖北省立法科大学教授）、刘道贞（湖北高等法院推事）、陈维东（东吴大学法学士）、覃寿公（原北平国立法科大学讲师）、饶达三（哈佛大学政治硕士）、曾韵松（原武昌高师教授）、江元亮（原武昌地方法院推事，曾于朝阳大学任教）、胡士鳌（原湖北高等法院推事，武昌地方法院庭长）等均为省内外法学名流。尤其是陈世仪、刘道贞二位教师，长期兼任地方法院要职且不辍讲席，所授课程跨越民法、刑法及诉讼法，颇可破除理论与实务之隔阂。[1] 同时，南京国民政府时期，私立大学多以校董会管理校政。1928 年 4 月学校复校不久，依《校董会章程》由校友总会选举第一届校董，至 1933 年第六届校董会，共产生校董 22 人、候补校董 15 人，法学界人士即占 7 个席位。其中，李治东连任 3 届校董会副主席，姚名帛、王尊三分别连任 6 届和 4 届校董，对中华大学法律学系的筹划建设、资金流动和人才引进发挥了重要作用。（见表 2，连任者只列最高职位）

表 2　1928—1933 年中华大学校董会法律界校董名录[2]

姓　名	职　别	简　历
李治东	校董兼副主席	前武昌地方法院院长
姚名帛	校董兼财务委员	中华大学法律学系教授
王尊三	校董兼秘书	全国律师协会执委，汉口特别市政府参议
邹昌炽	候补校董	法学博士、文学院院长
饶光荣	候补校董	中华大学法学士、教授
蓝芝浓	候补校董	中华大学法学士
吴仲行	候补校董	中华大学法学士

第二，在人才培养上，中华大学法律学系课程开设系统完备

---

〔1〕　陈世仪 1934 年 11 月获任襄阳地方法院庭长，至 1937 年仍在中华大学兼教刑法。刘道贞自 1919 年法官考试合格，历任各厅推事 15 年以上，1937 年讲授民事诉讼法，亦参与指导学生法学实训。参见《司法行政部指令：指字第 16389 号》，载《司法公报》1934 年第 7 号，"部令"，第 20 页；武昌中华大学编：《武昌中华大学三十六届毕业同学录》，1935 年校内编印，"教职员一览及同学录"，第 2 页。

〔2〕　参见私立武昌中华大学校史编写组：《中华大学》，华中师范大学出版社 2003 年版，第 31~35 页。

（见表 3），具有如下特征：一是偏重应用，弱化法学教条主义的影响。除按南京国民政府法学必修课程安排外，还增加了当时全国法律院系所鲜见的指纹学、监狱学、审判心理学和司法统计等选修课，为诉讼法学（尤其是民事诉讼法）配给之学分及学时远超理论法学，使中华大学法律学系学生得以深入接触司法实务，尽力消弭书本法学与应用法学之间的隔阂。二是酷好比较，极力倚仗比较法学之教学方法，乃至做到"无课不比""无法不比"。在中华大学法律学系课程纲要中，除却法院组织法等纯本国法之研究外，大部分法学课目偏向取法外国，以博辑欧西之精华，补民国法制之弊病。为此，特别要求法学生在大学一年级研习英文，以良好的语言基础应对域外法中庞杂的课程任务。三是尊重传统，合理因袭中国传统法律规则。特别是在《中华民国民法》亲属、继承二编具有宗法礼教延续时，要求师生审视本国向来法例，不妄加价值判断，使中华大学法律教育在法制转型过程中涂抹上了独立、开放与自由的色彩。四是刑民并重，在必修重民、选修重刑的配置格局上为学生铺垫个性化的发展途径。在《中华民国民法》民商合一的法典编纂体例下，必修课遵循从民到商、由总及分、先实体后程序的顺序讲授私法，实则要求学生修成学院派民商事理事风格，以应对鄂汉内外司法实务的迫切需求。同时，学校亦十分注重刑事科学教学体系的锻造，在选修课上俨然形成了"犯罪学+犯罪心理学+侦查学+刑事政策学+狱政学"的现代刑法学、刑事诉讼法学建制，辅佐必修课中的刑法总论、各论和刑事诉讼法，以塑造私立大学刑事司法人才。据可查证的中华大学法律学系学术论著显示，趋近五分之三论文与刑法或刑事诉讼法领域相关，足见中华大学多维度法律人才培育模式并非表面文章。

表 3   1928 年复校后中华大学法律学系课程表[1]

课程类型		课程名称	每周学时	学分	课程纲要
大学一年级	必修课	国文研习	3	6	
		英文研习	3	6	
		中山主义	3	6	
		军事训练	3	3	
		宪 法	3	6	比较欧美及日本各国宪法之原理原则,以阐明我国五权宪法立法之真谛。
		刑法总论	3	6	研究刑法之性质、沿革及趋势,并参照各国法例及学说,以阐明各种犯罪构成之共同要素。
		民法总论	3	6	研究私权之性质、种类、变迁趋势及各种法律行为之共同要素,参要以各国立法例及学说,以阐明民商统一立法,及保护弱者之理由。
		法院组织法	2	4	研究各级司法院之组织与权限、法官之任免与司法事务之处理,并要论检察制度之利弊。
	选修课	罗马法	2	4	研究罗马自建国时起,至优司悌尼安帝告崩时止,法律制度之渊源、沿革、优劣及其与各国法律之影响。
		英美法	2	4	研究英美法系之起源发展,并分析其法律渊源形式,比较其与大陆法系之异同优劣。

---

〔1〕 参见武昌中华大学编:《武昌中华大学二十周年纪念特刊》,1932 年校内编印,"课程分配表"及"课程纲要"。

续表

课程类型		课程名称	每周学时	学分	课程纲要
大学一年级	选修课	中国法制史	2	4	以时代之先后为次序，研究本国自唐虞以至现代之社会情况、人民思想、法制起源及流变，并一一比较东西各国法制之利害得失，以明中华法系在世界文化上悠久的光荣地位。
		议会规则	1	2	研究行使四权之程序，并比较批判各国之议会规则，期养成有条理有秩序之习惯。
大学二年级	必修课	行政法总论	2	4	研究行政权之组织与作用，并综合各国现行制度，作法理之解释。
		民法债篇总论	3	6	研究债之发生、标的、效力、转移、消灭及多数之债权人债务人，并参照各国最新立法例及学说，以比较中外债法之异同趋势。
		民法物权	3	6	研究物权之性质、种类、效力及变动，且参照各国法例学说，及本国历来之判例解释，以明现代立法对财产权加以限制之理由。
		民法亲属	2	4	研究婚姻、亲子、监护、扶养、家及亲属会议，并参照本国向来之立法沿革，及东西各国自罗马以迄现代之法例，以明本国亲属立法之精神。
		公司法	2	4	研究公司制度之沿革与种类，以明单独企业变而为合作企业之趋势。
		刑法各论	3	6	研究各种犯罪之特别构成要素，并参照各国法典学说及我国历来之判例解释，以阐明刑法之立法精神。

续表

课程类型		课程名称	每周学时	学分	课程纲要
大学二年级	必修课	平时国际公法	2	4	研究文明国家的行为之规则，内分平时与战时两部。
		军事训练	3	3	
	选修课	犯罪搜查学	2	4	（一）总论：研究犯罪搜查学之根本主义，及各种犯罪搜查之共同原理原则；（二）各论：研究各种犯罪之动机、过程、定型及其查搜之方法。
		监狱学	2	4	研究各国监狱制度之沿革与现状，以作改良监狱之借镜。
		犯罪学	2	4	研究犯罪人的精神现象、犯罪的分类、犯罪的原因、犯罪对社会的影响，以及犯罪的救治。
大学三年级	必修课	民法债篇各论	3	6	不详。
		民法继承	2	4	研究遗产继承人、遗产之继承及遗嘱等，并参照各国立法例及本国数千年之旧法旧惯，以明本国继承法立法之精神。
		票据法	2	4	研究汇票、本票、支票之原理原则。尤注重与各国票据法作比较的研究。
		海商法	2	4	研究船舶、海员、运送契约、船舶碰撞、救助及捞救、共同海损以及海上保险等原理原则，并综合各国立法例及本国判例，作比较的研究。
		行政法各论	2	4	综合各行政法规，就其重要特殊之法理法则，为分析的研究。

续表

课程类型		课程名称	每周学时	学分	课程纲要
大学三年级	必修课	民事诉讼法	4	8	研究保护私权之法则，以明国家机关及当事人共同遵守之程序。
		刑事诉讼法	2	4	研究确定国家科刑权之存否，及范围一切行动应遵守之法则。
		战时国际公法	2	4	研究文明国家的行为之规则，内分平时与战时两部。
	选修课	指纹学	2	4	（一）绪论：研究指纹学之导源、发展趋势，以及与司法之关系；（二）本论：研究指纹之分类、特征、形态及采取方法。
		法律哲学	2	4	研究法律现象之根本原理，法制之根本主义，法规之体裁形式，以及法律学家治学之派别。
		审判心理学	2	4	研究与审判事件有关系之心理现象，尤注重与犯罪心理学作比较的研究。
大学四年级	必修课	民事诉讼法	4	8	研究保护私权之法则，以明国家机关及当事人共同遵守之程序。
		劳动法	2	4	研究劳动契约、劳动协约、劳动保险、劳动组织、劳动调剂、劳动争议等，以明现代立法上确认劳动者的人格权利。
		土地法	2	4	（一）总论：研究平均地权之真谛，及土地国有私有之得失，与夫土地之共同原理原则；（二）各论：研究土地使用、土地税、土地征收等之立法精神。

续表

课程类型		课程名称	每周学时	学分	课程纲要
大学四年级	必修课	破产法	2	4	研究各国破产法之沿革与主义，以为立法之借镜，以明破产之观念，在使各债权者为公平之分配。
		强制执行法	2	4	研究实行私权之法则，期于保护债权者利益之中，兼顾债务者之利益。
		保险法	2	4	（一）总论：研究保险法之根本主义，及各种保险之原理原则；（二）各论：研究损害保险及人身保险之立法理由。
		国际私法	2	4	研究私法上各种涉外的法律关系，及涉外的法律关系所应适用的法规。
	选修课	诉讼实务	3	6	以实验事实为理解研究，启发其运用法律之兴趣。
		刑事政策学	2	4	研究历代刑事学说之旨趣，以探求刑法之根据，梳理刑法之标准，批判刑法之得失，期望刑法之改进。
		法律问题研究	2	4	指导学者从事阅书、述作及高深的或实际的学问研究，并选读中外法学名著，试讨论特殊法律问题。
		法医学	2	4	（一）绪论：研究法医之人物、检查方式、剖检方式，以及法律上之剖检规则；（二）本论：研究各种死、伤的男女关系，以及个人异向之识别。
		司法统计	2	4	考察司法机关之组织，及其活动之状况，在各个因果关系中，发现其一定之法则，以供整顿司法设计之材料。
毕业		毕业论文	0	2	

当时，中华大学采学分制，一年级44学分，二年级40学分，三年级36学分，四年级32学分，大学本科共152学分，专科两年则需要修88学分。修满学分即可毕业，不以学年为限，致使学生大有选择机会。若必修课不及格必须重修，选修课不及格可以同类课程学分补充，公共选修课不及格者，非重修补考及格不得升级，考查方式比较灵活。同时，法律学系教师授课、阅卷皆比较严格，1930年毕业的三名本科生潘得胜、杨堃、徐维善四年毕业平均成绩分别为71.8分、71.8分和75.5分，在毕业测验中，高于80分者仅有徐维善的刑事诉讼法、拟律裁判二门为85分，徐维善、杨堃二人继承法皆为80分，绝大部分测验分数不超过75分，而劳动法一门则三人皆为60分。[1] 虽有学生能力不足之嫌，但法律学系学风之端肃可见一斑。在中华大学法律教育滋养下，仅据校刊《中华周刊》中《校友消息》栏目记载，1928年毕业后的不少学生以司法官、军法官、检察官或警务、狱政等为业，亦不乏主政一方者（见表4）。据1947年编制的《汉口律师公会会员录》和学者统计，中华大学毕业生从事律师者占武汉全市注册律师数的25.8%，居武汉综合类大学首位。[2] 大量中华大学毕业的法科生成为南京国民政府法制事业的开拓者、建设者。

---

〔1〕 参见《私立武昌中华大学法律学系1930年毕业学生姓名及成绩一览表》，华中师范大学档案馆藏，编号：中华大学-LS13-13。

〔2〕 参见赵永利：《清末民初湖北法律教育与武汉律师业之发展》，载周洪宇等：《教育活动史研究与教育史学科建设》，山东教育出版社2011年版，第401~404页。

表4 1928 年复校后中华大学法律学系、专门部
法律科部分毕业生就职情况[1]

类别	姓名	毕业院系、时间	单位	职务
地方长官	戴肇琼	文学院法律学系 (1931.06)	咸宁县政府	县长
	朱文纲	文学院法律学系 (1928.12)	京山县第五区	区长
	贺舲	文学院法律学系 (1932.12)	崇阳县第一区	区长
	夏甘澍	文学院法律学系 (1932.12)	四川万县第六区署	署长
司法官	张云鸿	文学院法律学系 (1933.06)	甘肃徽县地方法院	院长
	危秉章	专门部法律科第七班 (1929.06)	黄陂地方法院	书记官
	潘得胜	文学院法律学系 (1930.06)	芜湖地方法院	书记官
	武彦卿	文学院法律学系 (1931.06)	应城地方法院	书记官
	任重	文学院法律学系 (1935.06)	湖北高院恩施 第三分院	书记官

---

[1] 参见《中华周刊》1934 年至 1938 年《校友消息》栏目。但笔者必须指出的是，此处列举的毕业生非该时段法律职业者之全部，因篇幅限制，诸多任书记官者并未列入。若有多次记载者，则以最后记载的单位及职业为准。同时，据前述数据及《武昌中华大学二十周年纪念特刊》显示，任律师者占毕业生7%，而任法官者仅占3%，但1934 年至 1938 年 5 月间《校友消息》所见律师仅 1 人（即姚方信），可见其报道并不能完全反映校友从事法律职业全貌。憾于史料匮乏，笔者此处亦只能略加记载，以窥法律校友之大观也。

类别	姓　名	毕业院系、时间	单　位	职　务
军法官	冯霖	文学院法律学系（1935.06）	河南汝南骑兵第十四旅	上校、军法处长
	冯纬成	文学院法律学系（1933.06）	南京陆军第二十五师	少校、军法官
	薛云峰	文学院法律学系（1935.06）	南京陆军第二十路总路	少校、军法官
检察官	汤汝修	专门部法律科第六班（1928.12）	上海地方法院	检察官
	舒宗范	专门部法律科第七班（1929.06）	自贡地方法院	候补检察官
	乐和铃	文学院法律学系（1935.06）	归绥地方法院	检察处书记官
	陈丙熙	文学院法律学系（1936.06）	赣县高等分院	检察处书记官
	罗大熊	文学院法律学系（1937.06）	南郡地方法院	检察处书记官
其他政法职业者	钟希宋	专门部法律科第七班（1929.06）	咸丰县公安局	局　长
	罗向阳	文学院法律学系（1934.06）	湖南永州禁烟委员会	委　员
	张绍先	专门部法律科第六班（1928.12）	安徽五河县政府	承审员
	孔子斌	专门部法律科第八班（1929.12）	司法院	职　员
	叶树屏	文学院法律学系（1933.06）	司法行政部第二科	科　员
	姚方信	文学院法律学系（1932.06）	不　详	律　师

第三，在学术建设上，1928 年后，中华大学法律学系师生在刑法、刑事诉讼法、民商法、劳动法、中国法律思想史乃至体育法领域著书立说，有意识地开展法学社会调研和司法实践。就目力所及，如学校事务长胡竞存教授在《法律评论》连载《尹文法律哲学研究》，以挽"中华法系之式微"[1]。在中华大学创办的学术刊物《中华季刊（武昌）》上，法律学系师生发表的文章概略有：法律学系 1932 年毕业生夏甘澍的《部分与股份——公司法研究之一》《刑法过失规定之研究》《对于刑事诉讼法规之研究》；法律学系 1933 年毕业生李海波的《废止死刑之我见》；法律学系 1935 年毕业生任重的《中国婚姻制度与立法》；法律学系 1935 年毕业生李秀实的《工厂法概论》；专门部法律科第四班刘大勋的《劳动契约之性质论》等。在校刊《中华周刊》上，法律学系师生亦热衷笔耕。此时期主要学术成果有：法律学系教授刘道贞的《论刑法之一罪数罪》；赴日留学前，法律学系 1934 年毕业生彭志刚的《对现行刑法一〇六条之我见》；法律学系 1935 年毕业生龚子华的《监狱学与刑法学之关系》；法律学系 1935 年毕业生廖学胥的《改良吾国狱政刍议》等。从这些论著中不难发现，中华大学法律学系师生治学严谨、视角敏锐，多强调借鉴法律发达国家之成例，以完善南京国民政府"六法全书"之缺漏，并在新兴的部门法领域取得了喜人进展。

1936 年 2 月 5 日，中华大学虽未列席，但"有函件嘱请该会

---

〔1〕 胡竞存：《尹文法律哲学研究（一）》，载《法律评论（北京）》1932 年第 1 期，第 9 页。

就近代表"〔1〕，加入了由司法院倡议，东吴大学、复旦大学和上海法学院筹建的中华法律教育协会，以共同探讨法律教育改革问题。中华大学法学学术在 20 世纪 30 年代迈入硕果累累的成熟期。

第四，在学生活动上，中华大学于 1932 年前，即成立学生社团"法学会"，开展法学学术研讨、互助及实习工作。1932 年 4 月 23 日，"法学会"师生在学校纪念堂开办假法庭实训，中华大学校长陈时及湖北高等法院、武昌地方法院推事李阁丞等到场观摩致赞，案情为蔡洪清诉蔡高氏等刑事诈骗（骗婚）案，时任模拟审判长张云鸿，即为后徽县地方法院院长。〔2〕 1935 年 5 月 21 日，"法学会"依新《武昌中华大学各学会组织通则》改选职员，有商学院院长胡竞存、法律学系主任胡嗣江和工商管理学系主任刘大勋莅临指导。〔3〕 可见，法学会系当时中华大学法学生锤炼司法素养和理论研究水平的重要平台，为丰富法律教育形式充分赋能。此外，学校在抗日救国时期，坚持"读书不忘救国，救国不忘读书"（马相伯语），广邀政要激发学生爱国之志。1936 年 3 月 27 日，司法院院长居正赴中华大学讲《青年救国之途径》，"听者极为动容"〔4〕；1938 年西迁前，张君劢讲《斩钉截

---

〔1〕 《中华法律教育协会成立会杂讯》，载《法令周刊》1936 年第 293 期，"法讯"，第 1 页。亦可参见《国内有法律系各大学，组织中华法律教育协会》，载《中华周刊》1935 年第 536 期，第 1 页。

〔2〕 参见《本大学法学会法庭实习纪略》，载《中华周刊》1932 年 4 月 30 日，第 4 版。

〔3〕 参见《武昌中华大学各学会组织通则》，载《中华周刊》1935 年第 510 期，第 8 页；《法学会改选职员》，载《中华周刊》1935 年第 518 期，第 2 页。

〔4〕 《居院长讲青年救国之途径——在武昌中华大学》，载《民报》1936 年 3 月 28 日，第 2 版。居正演讲全文，请参见袁蔚云记录：《青年救国的途径：居院长觉生先生在本校讲演词》，载《中华周刊》1936 年第 545 期，第 3~4 页。

铁的爱国心》[1]，冯玉祥"勖勉各同学在国难时期捍卫国族诸要义"[2]，坚定师生矢志救国之决心。

直至 1938 年 6 月，日本侵略军西进包围武汉后，中华大学办学陷入存亡危机。当时，日本外相重光葵系陈时留日同学，密劝陈时留汉办校。陈时以民族大义为本，带领全校师生员工西迁宜昌，不到三周宜昌吃紧，又撤往重庆南岸下龙门米市街的古禹王庙，至 12 月复课。但是，寓居重庆办学艰难，中华大学师生在西迁途中亦失散良多，无奈之下，陈时将原 3 院 13 系削减为 3 院 7 系、1 个专修科，法律学系被停办，至抗战胜利后未恢复。

二、中华大学法律教育的缺憾

（一）体量不足，辐射狭窄

计中华大学 1912 年至 1938 年二十六年法律教育办学史，共有本科 165 人、专门部（专科）620 人毕业，在民国私立大学中地位并非十分显赫。一方面，本、专科发展悬殊。本科教育疲软阶段，每年法律本科毕业生竟少至 3 人（如 1926 年、1928 年、1929 年及 1930 年），法律专科则至少不低于 1929 年的 26 人。其中，固然有本、专科学制年限、入学难度乃至时局动荡之影响，但本科教育作为民国学府研究高深学问之基础，与专科教育相比不宜过于萎靡，否则大学法律人才的培养体系易在速成的快感中变形。另一方面，即便从法律本、专科毕业生总数看，785 人仍略等于东吴大学两年的法学毕业生数，甚至只是朝阳大学法学院

---

[1] 张君劢讲，林逸笔记：《斩钉截铁的爱国心》，载《中华周刊》1938 年第 610 期，第 5~6 页。

[2] 《冯副委员长莅校讲演纪》，载《中华周刊》1938 年第 608 期，第 1 页。

21 年间毕业生总数的百分之一。[1] 并且，中华大学法学生生源籍贯为湖北者有 612 人，占全体法学生的 78%，其余省外学生也多以河南、安徽、湖南等邻近省份为籍，招生及毕业流向往往拘束于中部地区，难以形成法律人才辐射圈。

实质上，中华大学的性质、属地和教育宗旨，已经昭示了学校略显平庸的法律教育景象。尽管早在 1914 年，教育部就赞许中华大学办学质量"为湘鄂所仅见"[2]，并有南迄琼州岛、北至萨拉齐之学子慕名求学，但中华大学作为彻头彻尾的私立大学，在土地规划、教学经费、人员配比乃至授课质量上，难与同处武汉的公立大学（如武汉大学、省立法科大学等）媲美，只能以公办大学之辅弼存在。特别是南京国民政府时期，高等教育迅速落入党内权斗的泥淖，公立大学成为国民党上演宗派更替和白色恐怖的舞台。私立大学基于非公属性，虽部分免却了 CC 系（陈立夫、陈果夫）政治势力侵蚀校政，但也在政府把控的学局之中逐渐角色异化。有学者认为，在政府的鼓励与支持下，民国私立大学拥有有力的法律保障，在土地、税收、银行贷款上得到诸多优惠、资助，公立与私立大学的师生地位基本平等。[3] 这种观点恐怕过于偏狭。

以中华大学为例，由于具有浓厚的红色传统，学校常被卷入政治纠纷而受非难。在五四运动期间，陈时与其学生恽代英、林育南、蓝芝浓等人已在中华大学成立武汉学生联合会，组织全市

---

〔1〕 参见［美］艾莉森·W. 康纳：《培养中国的近代法律家：东吴大学法学院》，王健译，载《比较法研究》1996 年第 2 期，第 207 页。

〔2〕 汪文汉主编：《华中师范大学校史》，华中师范大学出版社 1993 年版，第 23 页。

〔3〕 参见宋秋蓉：《民国时期私立大学发展的政策环境》，载《清华大学教育研究》2004 年第 2 期，第 99~106 页。

学生运动乃至商界罢市，受到湖北督军王占元严厉警告，陈时以"爱国行动，无力阻止"为由谢绝阻拦，使中华大学身处风口浪尖。恽代英曾担忧地写道："现谋我校者，因我之活动颇多借口。甚有逼敝校长暂时他避之说，不知敝校长能否平安应付过去？"[1] 国民大革命后，陈时邀校友、国家主义派代表人物余家菊、陈启天回校讲课，又被疑为国家社会主义。其实，如陈时所言，他"办学是为了救国，不让学校和个人卷入政治漩涡"，本来"存着'清高'的思想，想不谈政治，专办教育，五四、五卅，也和青年站在一起，不过为了适应当时环境，曾任几次公职"[2]，以作维持校风独立、思想自由的手段。但是，在政局风云变幻下，陈时的苦衷并没有得到当权者的认可，反而使中华大学几乎成为历届在汉政府整饬的众矢之的。加上法律学系最能作育政坛英才，在汉公立大学往往能获取比中华大学更多的招生名额和师资配额，避免中华大学日后利用庞大的校友群体逃逸出政府的掌控。同时，在学生的主观选择上，中华大学落地武汉，离二京甚远。宁汉合流后，几无依附中心政权之契机，对欲读法律以资仕宦的广大学生而言并非福音，"去汉赴宁"在大革命后已跃升为法学生的一大选择。

更重要的是，中华大学奉行平民教育之要旨，与当时精英教育之现状泾渭分明。在近代新式教育中，"寒门难出贵子"依旧是制约社会中下层人士向上流动的主要因素。据学者统计，1931年全国专科以上学校学生的家庭职业属于商界、学界、政界、实

---

〔1〕 中央档案馆、中国革命博物馆、中共中央党校出版社编：《恽代英日记》，中共中央党校出版社 1981 年版，第 571 页。

〔2〕 陈时：《我的检讨（补充）》，华中师范大学档案馆藏，编号：中华大学-LS12-59-004。

业界、医学界、司法界、军界和警界的占近七成，农业界占不到三成。[1] 中国社会中的知识分子阶层实际被民国新贵族所垄断。但中华大学不落窠臼，早在1920年2月便率先组建武昌工读互助团和湖北平民教育社，主张"使无力量读书的人都受教育"，"不收半文钱的学费"，受到陶行知、晏阳初的赞誉。[2] 1923年2月便与武昌小东门外七甲士绅安俊卿等合作，由中华大学在士绅捐献的小龟山上开办乡村教育，以铲除国人"贫、愚、私、弱"之惨境。陈时认为："大学为一个国家最高学府，作育人才的地方，它有启导社会思想、转移时代风尚，阐明学术、推进文化的功能。……若不陶铸人才来弥缝补缺，挽救危难，国家前途更属不堪设想。"[3] 教育救国、启发民智，是陈时毁家兴学的根本目的，也是中华大学立校之基。故此，中华大学法律人才从入口遴选到出口形塑，皆不拘贵贱、不囿亲疏，倡导半工半读，扶助贫困学子[4]，在客观上导致法学生人数不稳、规模颤动。

可以发现，中华大学法律教育量级落后，既有战乱频仍、自然灾害[5]、政治渗透之外因左右，又有报国自守、宁缺毋滥之内因驱动。与其说这是中华大学未能形成"中华法学"等府学流

---

〔1〕 参见梁晨等：《无声的革命：北京大学、苏州大学学生社会来源研究（1949—2002）》，生活·读书·新知三联书店2013年版，第6~7页。

〔2〕 参见夏邑寒、贺逸航记录：《定县平教运动的经过——晏阳初先生演讲》，载《中华周刊》1934年第497期，第2~4页；《晏阳初先生莅校演讲》，载《中华周刊》1934年第495，第1页。

〔3〕 陈时：《本校成立25周年答记者问》，载私立武昌中华大学校史编写组：《中华大学》，华中师范大学出版社2003年版，第81页。

〔4〕 中华大学乃至有不收学费完成学业的学生，胡起祥"没有花一分钱而完成了大学毕业"。胡起祥：《回忆母校中华大学和陈时校长》，载娄章胜、郑昌琳主编：《陈时教育思想与实践》，华中师范大学出版社2001年版，第263页。

〔5〕 据1935年毕业生龚子华记述，该年级法律系学生原有三十余人，但因"洪水为灾"不得已辍学者数人，终有26人毕业。参见龚子华：《法律学系级史》，华中师范大学档案馆藏，编号：中华大学-LS12-64-078。

派的败笔，不如说这是中华大学在特殊的困难时期为"出淤泥而不染""真心实意办大学"所做的无奈之举。

（二）课程因循，原创甚寡

如前所述，中华大学法律学系课程紧依国民政府法学课程大纲设立，虽在选修课上有所创新，但其比较法学授课模式，具有明显的东吴法学内陆化痕迹。

东吴大学法科于 1915 年创立时命名为"东吴法律专科"（The Comparative Law School of China），以英美法系之比较为己任，促使其学生充任华东地区司法精锐。以至于哈佛法学院的哈德逊教授赴东吴大学访问时称誉道："对国内法的教学建立在对英美法及民法进行比较的基础上，你们学校是我所知的唯一的真正名副其实的比较法学校。"[1] 至南京国民政府建立后，东吴大学法律教育在吴经熊领导下声名远播，渗透到长江中岸的中华大学法律学系可谓顺理成章。当时，东吴大学为私立大学法律教育之执牛耳者：执教者中吴经熊、王宠惠、丘汉平、董康、赵琛、罗炳吉等皆声名在外，毕业者中几可控制上海律师公会及法律各界别，更以中国最早法学研究生教育、最早大学学术期刊《法学季刊》（China Law Review）名震九州，后人称之为"东吴法学传奇"[2]。

将东吴大学法学课程与中华大学比较发现，必修课中除法律拉丁文、英美契约法、英美侵权行为、证据法学、政治思想史、哲学大纲外，二校课程一致。至选修课，则二校区别较大，东吴大学法律学院选修课门类广泛，如法律伦理学、经济法子法（工

---

〔1〕 ［美］文乃史：《东吴大学》，王国平、杨木武译，珠海出版社 1999 年版，第 73 页。

〔2〕 参见范忠信：《东吴法学传奇的史鳞片拾与沧桑浩叹》，载《苏州大学学报（法学版）》2015 年第 3 期，第 43~48 页。

会法、银行法、森林法、钱业法、矿业法、渔业法、航空法、农会法）、知识产权法（出版法、商标法）及法律实用技能（演说学、商业常识、国际关系等）一应俱全，[1] 较之中华大学更偏重民商法实务应用，而后者对刑事科学人才养成更为青睐。问题在于，与杨兆龙所言的中国法律教育弱点之一在"忽视法律本身之演进及现代之趋势""缺乏比较法学的课程"[2] 不同，中华大学过分依赖比较法学之方法，几乎每门课程皆以揆诸世界各国法例为要旨，而对方兴未艾的中国本土法律制度缺乏足够关注。并且，中华大学未能如东吴大学分设中国、英美法系及大陆法系课程，而希望以一个部门法统摄中外同类法律制度及演变，容易发生贪多嚼不烂的窘境，致使课程质量不佳。

此外，中华大学法学课程设置上，缺乏商标法、银行法等新兴法律学科之考虑，亦无法律伦理学等法育风纪类教程，至于其余跨学科之政治、哲学或外语更是付之阙如。特别是"'道德涵养'，在近今的社会已成严重问题。现在研究法律的人，太偏重功利而不顾道德"[3]。如无法律伦理等人格培养课程，法学生职业道德标准无从保障，"那无异于替国家社会造就一班饿虎"[4]，后果不堪想象。可见，中华大学法律人才培养方案虽在政府之外有所补益，但就同时期的东吴大学而言创新疲弱，不易适应社会发展之需求。由此，中华大学法学毕业生在汉影响亦会随之递

---

〔1〕 参见孙晓楼：《法律教育》，中国政法大学出版社 2004 年版，第 120~124 页。

〔2〕 杨兆龙：《中国法律教育之弱点及其补救之方略》，载《法学杂志（上海 1931）》1934 年第 2 期，第 31~32 页。

〔3〕 丘汉平：《法律教育与现代》，载《法学杂志（上海 1931）》1934 年第 2 期，第 3 页。

〔4〕 杨兆龙：《中国法律教育之弱点及其补救之方略》，载《法学杂志（上海 1931）》1934 年第 2 期，第 36 页。

减，与体量不足形成恶性循环。

（三）资金滞后，师资紧缺

近代私立大学发展之最大掣肘在资金，发展之最大机遇亦在资金。民国素称"南陈（陈时）北张（张伯苓）"的两大私立大学校长，皆因筹措校款奔走四方。在南开大学的整个私立阶段，经费有赖张伯苓周旋于军政官商游说捐款，仅"1919 年至 1927 年 43 个国内外团体及知名人士捐款，总计不下一百二十万元，另有交通部等捐地一百三十余亩"[1]，使南开局面大为改观。特别是南开大学并入西南联大从此成为国立大学后，经费问题不再成为困扰南开的泥沼。与此不同，中华大学自 1912 年开办至 1952 年改组，一直以私立大学的身份活跃于高等教育的舞台，既远离中央政权核心，又无固定经费补贴，每每周转危殆，皆只能依托陈时惨淡经营、维持校务。因此，张伯苓称赞陈时道："我与陈校长相比，自愧不如。办南开我只出了一点力，陈校长办中华，既出力，又出钱。"[2]

但是，中华大学校资不足并非鲜见，乃至有"于寒舍（陈时之家——笔者注）中，罗雀掘鼠以供校用，同事见旧衣银屑，送入质库，有相顾垂涕者"[3]的极度辛酸，成为学校延聘名师之最大阻碍。据现存资料统计，历任中华大学法律学系（科）的教师中，邹昌炽一人为美国西北大学法学博士，其余教师皆为国内外知名院校毕业或司法官转任。遗憾的是，中华大学法律课程之

---

〔1〕 南开大学编：《南开大学六十年（1919—1979）》，南开大学出版社 1979 年版，第 5 页。

〔2〕 马敏、黄晓玫、汪文汉主编：《华中师范大学校史（1903—2013）》，华中师范大学出版社 2013 年版，第 90 页。

〔3〕 武昌中华大学编：《武昌中华大学二十周年纪念特刊》，1932 年校内编印，"弁言"，第 2 页。

多与教师数量不成比例，经 1930 年与 1934 年教师名录比对，仅一名教师（即覃寿公）为扩充师资，更因邹昌炽本人执教外语系，法律学系教师至 1934 年只有 6 人（见表 5），平均每名教师须任教 8 门课程。至 1937 年教师任教名录中，学校原事务长胡竞存返法律学系任教授，授课量亦高达 7 类法学课程、16 小时，负担之重毋庸讳言。[1] 特别是 1928 年后，中华大学大、中、小学一条龙教育体系中有数千名学生，但总职员数从不超过 120 人，教育资源分布较为不均，至西迁前已有撕裂之虞。

表5　1934 年中华大学法律学系教师名录[2]

姓　名	学　历	简　历	职　称
邹昌炽	美国西北大学法学博士	中华大学任教超过 15 年	文学院院长
胡嗣江	北京法政大学毕业	湖北省立法科大学教授	法律学系主任兼教授
陈维东	东吴大学法学士	律　师	教　授
陈世仪	北洋大学法科毕业	湖北省立法科大学教授、武昌地方法院推事	教　授
刘道贞	中华大学政治经济系毕业	湖北高等法院推事	教　授
覃寿公	日本法政大学毕业	北平国立法科大学讲师	讲　师

　　个中原因在于，办学"清苦"（周恩来称赞陈时语）的中华

---

[1]　《1937 年在校教职员名录》，华中师范大学档案馆藏，编号：中华大学 - LS13-278。

[2]　私立武昌中华大学校史编写组：《中华大学》，华中师范大学出版社 2003 年版，第 49~50 页。

大学无法长期支撑高薪聘请之重担，教师工资比之国立大学或其
他高规模私立大学一般较低，学校年收支差额也总在一半以上。
与陈时共事多年的邹昌炽、严士佳、成序庠等人，尤感兴学之
苦，致邹氏辞上海律师及汉口自由西报社长，严氏发杜威子弟之
宏愿，成氏弃东吴大学工程学院院长，纷至中华大学执教鞭。他
们风雨同舟、不计困苦，在"粮道街无粮，米市街无米"[1] 的
恶劣环境下，始终"想穷办法办教育""用穷办法办大学"，而无
法适应中华大学办学基底之教师恐怕更为多数。[2] 据教工名录
档案记载，复校以来，名教授曾韵松、江元亮、刘文勋和法学新
贵王佑等人皆曾驻足中华大学，但多数任职不达三年而另寻高
就。[3] 加上中华大学教育体系完善，要维系庞大的教育集团并
非易事。1932 年，蔡元培、李四光、王世杰同到中华大学演讲
时，蔡元培就曾表示：

> 当常听到陈先生在武汉办了一个中华大学，并设有大中
> 小三部，像这样完善的学校，在中国确是罕见的。中华大学
> 的名称是和中华民国相同，年龄亦复一样。所以中华大学可
> 以说是中华民国的大学代表者，我们知道陈校长办这学校的
> 动机和目的，以及惨淡经营的情况，兄弟对于陈校长热心教

---

〔1〕 董宝良：《民办大学校长的先驱和楷模——著名教育家陈时创办私立中华大
学的光辉业迹》，载《华中师范大学学报（人文社会科学版）》2003 年第 4 期，第 10
页。

〔2〕 据陈时在《武昌中华大学二十周年纪念特刊》"弁言"中记叙，在中华大学
任教职员者"先后达千余"，但后统计教职员名录则不过百廿，可见中华大学流散教
师比较严重。

〔3〕 参见华中师范大学档案馆藏教职工名录档案，编号：中华大学-LS13-274、
中华大学-LS13-85、中华大学-LS13-276、中华大学-LS13-277、中华大学-LS13-
278。

育的精神，特别佩服！[1]

故此，中华大学法律教师始终较为紧缺，在勤俭办学的方针下，一人兼任数门课程和行政职务并不罕见，虽阻碍了中华大学法律教育扩张，却客观上使法律学系师生以自强不息之精神磨砺意志，最终蜕变为于国于家之贡献者。

三、中华大学法律教育的启迪

（一）活跃民办法学资源，构建多层人才结构

揆诸中华大学二十六载法律办学史，功成之不易、落幕之慨然，皆可为后人之镜鉴。特别是对今日民办高校的法律教育而言，中华大学的私人办学经验殊为可贵。当前，民办高校在实用型法学人才培养上已经独立于公办高校，在《中华人民共和国民办教育促进法》（以下简称《民办教育促进法》）实施后取得了长足进步。数据显示，截至 2018 年，全国共有民办高校 749 所，占普通高等学校的 28.13%，其中专任教师 32 万人，毕业生 174 万人，在校 687 万人。[2] 大部分民办高校皆有法律院系，甚至以此为学科亮点和办学特色。其规模之庞大，远非民国可想象。只是，中华大学艰难前进之痼疾并非个案，民办高校发展法律教育仍然面临许多类似障碍。如果不能及时正视并加以疏导，恐民办法律教育亦将颠沛曲折。故此，笔者建议：

首先，贯彻分类管理、因势利导的方针，以法人属性界分法

---

〔1〕 蔡元培：《蔡孑民先生演讲词》，孙中岳等记录，载《中华周刊》1932 年 6 月 4 日，第 1 版。

〔2〕 《中国统计年鉴—2019》，载国家统计局网站：http：//www.stats.gov.cn/tjsj/ndsj/2019/indexch.htm，最后访问日期：2020 年 6 月 1 日。

律教育之源流。依《民办教育促进法》及其实施条例之规定，民办学校与公办学校具有同等法律地位，民办学校分非营利性与营利性两类，前者不得取得办学收益，学校的办学结余全部用于办学，后者办学收益可由举办者取得。因此，在民办高校开设法律教育过程中，必须从源头入手划分其法人属性，即营利法人或非营利法人。若为营利法人，则需重点把握学校投资人分配利润与教育公益性之平衡。在法律行业成效快、回报高、缺口大的背景下，民办高校容易陷入逐利悖谬，进而远离育人本位。故此，营利性民办高校不宜将法律人才的招考、培训和输出视为资金滚动链，不得无限制扩招、容纳法学生，不应牺牲其他科系堆砌法学繁荣之假象。若为非营利法人，则需重点扶持、从管到宽，尝试设立政府基金或以购买服务形式开办民办法律教育新型模式，减缓社会独立办学之压力。可以发现，与陈时兴学近似，目前我国民办高校中除极少数由国家注资主导外，大部分需依靠办学者倾一家之产乃至举高额之债。在非营利性的禁锢下，如果各级政府无法以土地、房产、税收、信贷或招生等条件作优惠，此类民办高校必会行将就木。

其次，盘活资金运营，确保"刀刃上用钱""用钱上质量"。民办高等教育要突破低水平、纯自发等弊病，就必须以科学的学校治理结构弥合资金与管理、政府与学校之间的裂缝。民办学校由于应设董事会、理事会或其他相当的决策机构筹划校政，其校务调控即可参照《中华人民共和国公司法》（以下简称《公司法》）规定的组织机构、议事规则来排兵布阵。特别是在资金流向上，董事会应以受托人之责任，以谨慎之心态、良善之注意尽力完成投资人及社会所要求的办学任务，按时按量、合理有效地利用各类资金，并受监督机构监督。法律教育上台阶，关键在人，也难在寻人。民办高校基于校友社会关系网络、学界声誉及充沛待遇，可着力于延聘名师，以完备法律学科血肉，避免削减教职工以作维持校产之代价。

最后，搭建多层次人才培育结构，避免本科趋同、好高骛远。近年来，"学院"改"大学"、校名去"职业"等大学改名风声正厉，"理工""科技"包括"政法"等热门就业方向成为不少高校青睐的校名组成部分。一时间，中国高校圈中竟有高达23%[1]的学校参与过易名整形，以博取考生眼球和社会声誉。其实，仅就法律教育而论，一流大学、普通大学和专科大学所塑人才本就应分居法律界不同领域，以各成其美，不必蜂起本科"大法学"教育，挤占上游法律就业空间，最终丢失了各层次法律办学特色。尤其是民办大学多处应用型或专科人才培育体系，应结合本校商业、金融、会计或管理等学科发展交叉法律人才，打造与学院派、研究型法律人有别的技术派、职业型法律人。换言之，民办大学法律教育应着重以本校特长学科、所处区位、校友资源等为抓手，适当倾斜资金流向相关领域，以便法学生分工明晰、专业对口。譬如，文华学院依托校内人文社会科学学部法学系与其他学系特长，成立湖北省人文社会科学重点研究基地——湖北品牌发展研究中心，研究品牌培育、评估与传播中的法律问题及跨部门法的综合法律方案，在业界享有一定赞誉；重庆人文科技学院政治与法律学院超过49%的学生为少数民族，其法学生则可选民俗学、民族法学等回馈乡梓；三亚学院立足海南自贸区

---

〔1〕 王品芝：《64.9%受访者直言高校改名是"面子工程"》，载《中国青年报》2015 年 7 月 9 日，第 7 版。

及航运优势，独立划分海商法就业方向，授以海洋法、海商法、国际货物运输实务等课程。此时，民办法律教育可参考"双师型"师资引进战略，以实务界人士兼任授课教师，使一批律师、法官、检察官或公司法务等高技能人才进课堂、传真经。

（二）鼓励高校个性发展，探索多轨学科应用

抛开前述的民办法律教育不论，公办大学之中，法律教育同质化问题亦是十分严峻。全国 620 余所法学院（系）开设课程中，除 16 门法学核心课之外，部分选修课较为雷同。其中，非政法类院校、非重点发展法学类院校大同小异之现象更为常见。以两所综合类大学（第四轮学科评估结果皆为 B）法学选修课视之（见表 6），竟有半数名为"个性发展"的课程重叠，而剩余者亦多数不能体现该校特色，致使校际法律教育日益趋同。

表 6　某两所综合类大学法学选修课一览

A 大学（东部）	B 大学（北部）
相同或相似课程：外国法制史、中国法律思想史、西方法律思想史、犯罪学、（刑事）侦查学、外国刑法、证据法、国家赔偿法（A 大学称行政救济法）、婚姻家庭继承法、保险法、证券法、票据法、财税法、竞争法、破产法、国际投资法、法律文书、公证律师与仲裁、法律方法、模拟法庭、法律诊所（含民法、刑法、行政法等）	
海商法	犯罪心理学
著作权法	比较合同法
国际贸易法	民事诉讼法精解
英美法 （含概论、刑事法、契约法、侵权法）	房地产法
人权法	企业法

续表

法医学	自然资源保护法
监狱法	环境污染防治法
金融法	世贸组织法
消费者权益保护法	俄罗斯法律概论
	国际环境法
欧洲法概论	

诚如潘懋元先生所言，"大学不应只比'大'，不比'学'"，"许多本科高校办学规模求大，专业设置求全，行业特色型高校的特色专业被'稀释'。"[1] 在民国大学中，北京大学"独立之思想，自由之精神"，清华大学大楼大师之辨，南开大学"越难越开"，中华大学清苦不息，皆形成一所大学之标记。民国大学所具有的鲜明个性，是中国近代教育史上民族争独立、教育求自强的基本写照，也是彼时大学得以各展所长、屹立不倒的精神支柱。而观今日之大学，综合类高校为求面面俱到，容易在法学研究与人才培养上蜻蜓点水，逐渐远离门类齐备、融通共赢的广阔平台；特色类高校为求撤除偏见，容易在法律专业设计上过度模仿综合类大学，丧失了术业专攻的后起契机，最终导致法律教育界千篇一律、千人一面。

实际上，与民办教育与公办教育交错发展相似，620余个高等法律教育集团在先天禀赋、后天资源上本就大相径庭，既不必要、也不可能形成同类法律育人模式。相反，各高校应尽力挖掘

---

[1] 潘懋元：《大学不应只比"大"不比"学"》，载《职业技术教育》2011年第27期，第22页。

"人无我有""人有我优"的教育原料，以创新精神、独到思维培育法律教育万花园。比如，四川大学基于华西医学院之雄厚实力，为法学生开设医事法学、法医学与司法精神病学课程；大连海事大学法学院凭借国际海事法律领域的突出成绩，在本科阶段即划分海商法、国际经济法两大方向，以定向培育国际法律人才；海南大学法学院更有"海南话口语与听力"一课，便于学生适应多民族聚居的复杂社会环境，乃至日后长留琼岛工作，可谓煞费苦心。自中华大学设有指纹学、司法统计等特色课程后，今日之大学亦可以为自身把脉问诊，摸清楚究竟应侧重国际法抑或国内法、培育研究型人才抑或应用型人才、开设交叉培育班抑或专注法学生锤炼等，摈弃盲目跟风、因小失大，敢于坚持法律办学特色化、精品化。

（三）重塑校长教授风华，力行多头引领效应

与中华大学的陈时一样，民国大学涌现出一批著名的大学校长，北大的蔡元培、蒋梦麟、胡适，清华的梅贻琦，南开的严范孙、张伯苓，中央大学的罗家伦，复旦的马相伯、李登辉，武大的王世杰、王星拱、周鲠生，川大的任鸿隽，浙大的竺可桢，华中大学的韦卓民等，不胜枚举。他们大多在校任职十年以上，基于学贯中西的学术底蕴、亲和睿智的人格魅力和超脱世俗的处变哲学，大学校长治理校政之理念逐渐渗透、内化和融贯为大学之精神。在政治波诡云谲、社会战云密布的艰难岁月里，大学校长突出的引导力成为校园师生维护学术尊严、秉持学问初心的重要灯塔。并且，"中国近代大学管理呈现出一个普遍的特征，即大

学管理人员的兼职化"〔1〕。大学教授在繁重的科研与教学任务之外，通过"教授治校"的方式管理校政，提升办学民主化、决策科学化，便于师生一体、化解矛盾。

陈时在中华大学创立二十周年时说："本校二十余年之小成果，个人之力，决不济事，惟办事则'诚'之一字"，致使"有共事至十年以上，从无凶终隙末者，且有他处以巨薪高位罗致，愿共甘苦而不去者。"〔2〕虽为陈校长谦虚之语，却不得不见一赤诚校长对凝聚教师、培育英才之重要影响。对法律教育而言，校长关切、教授云集，更是其发展壮大的重要养分。以国立武汉大学为例，首任正校长王世杰为著名宪法学家，到任前已在北京大学饮誉一时，与钱端升合撰《比较宪法》系民国再版最多、代表当时最高学术水平的宪法著作。王世杰任校长期间，魄力十足，直言"我不是来维持武汉大学的，此行目的是要创造一个新的武汉大学"〔3〕。他将原社会科学院更名为法学院，陆续建成文、法、理、工、农等院系，在珞珈山上筑巢引凤，吸引了燕树棠、梅汝璈、周鲠生、胡元义、吴岐、吴学义、葛扬焕、刘经旺等莅校教席。期间，王世杰亲任法律学系教授，以奖励学术为要旨，短短四年间即推动法律学系产出高端法学著作数十份，使武汉大学法学院迅速跻身全国一流法学教育梯队。〔4〕1945 年周鲠生继

〔1〕 程斯辉：《中国近代著名大学校长办学的八大特色》，载《高等教育研究》2008 年第 2 期，第 86 页。
〔2〕 武昌中华大学编：《武昌中华大学二十周年纪念特刊》，1932 年校内编印，"弁言"，第 2 页。
〔3〕 王世杰：《"我不是来维持武汉大学的，而是要创造一个新的武汉大学"》，载徐正榜、陈协强主编：《名人名师武汉大学演讲录》，武汉大学出版社 2003 年版，第 109 页。
〔4〕 参见涂上飙编著：《国立武汉大学初创十年（1928—1938）》，长江出版社、湖大书局 2015 年版，第 198~219 页。

任校长后，反对国民政府对大学研究机关冗杂的设置，尖锐指出，"不但学系之界限要打破，而且学院与学院亦须沟通……向来我国学术界、著作界最缺乏的是集体工作"，必须在消除大学与研究院隔阂后"出品""造人"[1]。故此，武大复校后，周鲠生并无偏心法律同人，而继续敦请"部聘教授"、经济学家刘秉麟任法学院院长，以期法律、经济及社会等各支学派融通合作，精诚育人。同时，周鲠生注重人才梯队建设，复校伊始，先以燕树棠主政法律学系，1947 年后，大胆起用年仅 36 岁的韩德培任系主任，使武大法律教育在 20 世纪 40 年代末迎来了短暂的繁盛期，时人称"法学之王"[2]。

如果说一校之不灭者在精神，则点燃此火种者必在校长。当前，由于法律院系多被综合类或非政法类院校包并，大学校长以理工类背景为多，文法类背景为少，容易在学科资源分配上出现偏颇。当然，笔者并非倡导所有大学校长皆应由法学背景者担纲，而是旨在强调，校长之重要指引力必须在行政、教授、学生等多方面辐射，也必须对校内每一院系给予充分关照，避免厚此薄彼。此时，就要求大学校长在校务运行上广开言路，促使师生自由敏捷地开拓学术空间，形成"以校为家"的良善氛围。

四、结语

"大学是一种独特的教育机构，它们有着共同的历史渊源，

---

〔1〕 周叶中、涂上飙编著：《武汉大学校长的办学理念》，武汉大学出版社 2017 年版，第 128 页。

〔2〕 周叶中、涂上飙编著：《武汉大学校长的办学理念》，武汉大学出版社 2017 年版，第 53 页。

又深深地植根于各自所处的国家之中。"[1] 与西方大学与生俱来的自治社团性不同，中国近代大学的诞生，是清季学制西化的结果，也是民族主义热潮高涨之后，无数仁人志士借以救国的良方。中华大学法律教育的四个历史阶段，从凋敝残余走向独立探索，从弱小单薄走向羽翼丰满，揭示了以中华大学为代表的近代私立大学如何在中国的苦难与蜕变中求生存、谋发展。

我们固然要看到，与东吴大学、武汉大学相比，中华大学法律教育不可与之互称伯仲。但反言之，正是因为中华大学较大脱离了政府与教会，政党政治的压抑及西方神学的余温才不会大规模掺杂至学校之中，法律教育才能够在中国人的独立摸索中看到可行之路。中华大学二十六年法律教育办学史只是繁星一瞬，重要的是，后人能以此为鉴，全面审视近代私立大学法律教育之经验与教训，摈弃掐头去尾、排名主义的片面史观，最终在法学界共同努力下形成层次鲜明、旨趣各异的法学人才培养模式，给予法学之今日及未来以充分滋养。

---

〔1〕 ［美］菲利普·G. 阿特巴赫：《比较高等教育：知识、大学与发展》，人民教育出版社教育室译，人民教育出版社 2001 年版，第 13 页。

六年制法学实验班学术能力培养模式研究报告[*]

◎谢　晶　刘浩田^{**}

摘　要：六年制法学实验班是中国政法大学的新型法律人才培养模式，迄今已开办十余年。回顾教学过程中的经验和教训，这种模式偏重塑造实验班学生的法律应用能力和实务能力，可能导致学生不易掌握规范的学术研究方法、欠缺法学理论底蕴。职是之故，法学实验班人才培养方案于 2018 年进行了修订，通过摸底调研、小班教学、阅读经典、个性指导和实践选题，以"法思"系列活动为抓手，形成了阶梯育人的学术能力培养模式，有助于学生成长为夯实学术能力的思考者、实践者、探索者和获益者。

---

　　*　本文系中国政法大学 2018 年教学改革项目"六年制法学实验班学术能力培养模式研究"的阶段性成果。
　　**　谢晶，中国政法大学法学院副教授，钱端升青年学者。刘浩田，中国政法大学法学院硕士研究生。

关键词： 法学实验班　学术能力培养　"法思"系列活动　法学教育

　　中国政法大学法学院六年制法学人才培养模式改革实验班（以下简称"法学实验班"）自 2008 年发轫，迄今已有 11 年的办学史，毕业学生达 12 届。法学实验班的培养结构采"4+2"的形式：学生在本科阶段进行三年的专业知识学习，本硕过渡的第四年到实务部门进行联合培养，第五、六年完成硕士阶段的课程以及毕业论文撰写，最终获得法律硕士学位。2017 年习近平总书记在视察中国政法大学时指出："法学学科是实践性很强的学科，法学教育要处理好知识教学和实践教学的关系。"[1] 法学实验班的设立，就是为了遵循应用型、复合型、创新型、国际型法律职业人才培养的目标，以培育一批具有扎实的理论功底、过硬的实务技能、宽泛的职业能力、开阔的国际视野和合格的职业伦理的卓越法律人才。经过多年的探索和实践的检验，法学实验班的人才培养质量得到社会各界的广泛认可。数据显示，2019 年"实验班学生法考整体通过率达 80.337%，稳居全国前列；整体就业率近年来持续保持在 98% 以上，就业质量稳步提升。"[2]

　　近年来，学界对六年本硕连读学制多有探讨，相关制度设计

---

〔1〕 《立德树人德法兼修抓好法治人才培养 励志勤学刻苦磨炼促进青年成长进步》，载《人民日报》2017 年 5 月 4 日，第 1 版。

〔2〕 孙竞、熊旭：《中国政法大学：六年制法学实验班的探索之路》，载人民网：http://edu.people.com.cn/n1/2020/0731/c367001-31805850.html，最后访问日期：2020 年 11 月 9 日。

也基本侧重于培养学生面向市场的实践能力和就业素养。[1] 不过，实践与理论相辅相成，并非水火不容的矛盾体。法学虽然是面向实践的学科，但若缺乏一定程度理论素养、学术能力的滋养，则所谓的"实践"只会沦为无本之木、无源之水，学生的实践创新能力在毕业后难以有可持续提升，也不能真正将法学追求公平、正义的理念价值带入实践并助益国家的法治建设。诚如王晨光教授指出，"法学教育具有内在的二重性"，不宜对培养中的理论与实践采取"非黑即白的二元对立立场"。[2] 一些研究者也反思道，法学硕士研究生分为学术型和专业型两类，是人为的"撕裂"，法律硕士的学术能力"在培养理念和方式等方面未能规划形成较为科学的培养体系"。[3] 法学实验班本硕贯通、实践为主的培养模式，很可能会加剧学术型人才与实践型人才的对立，"使专业学位教育的教学工作陷于一种'只重经验传递'而'不重理论提升'的状态，使人们囿于一种经验传递的往复循环的怪圈"。[4]

通过长期调研、座谈、咨询及培养，我们发现，法学实验班

---

〔1〕 参见孙笑侠：《法学的本相 兼论法科教育转型》，载《中外法学》2008 年第 3 期，第 419~432 页；徐显明、郑永流：《回归本位 经国济世——六年制法学教育模式改革论纲》，载徐显明、郑永流主编：《六年制法学教育模式改革》，中国法制出版社 2009 年版，第 3~10 页；葛云松：《法学教育的理想》，载《中外法学》2014 年第 2 期，第 285~318 页。对于中国政法大学六年制法学实验班之详细探讨、政策文件，可参见袁钢、刘大炜主编：《实践性法学教育论丛·第五卷》，知识产权出版社 2017 年版。

〔2〕 王晨光：《法学教育改革现状与宏观制度设计——日韩经验教训反思与中国改革刍议》，载《法学》2016 年第 8 期，第 67 页。

〔3〕 马更新：《法律硕士研究生学术能力培养简析》，载黄进主编：《中国法学教育研究》（2017 年第 1 辑），中国政法大学出版社 2017 年版，第 149 页。

〔4〕 马健生、陈玥：《专业学位教育中学术能力培养的错位问题检视》，载《教育研究》2015 年第 7 期，第 42 页。

学生的学术素养确实差强人意，亟待规范的学术训练和系统的学术指导促进学生夯实基础、练好内功并成长为德法兼修、知行合一的新时代法律人才。职是之故，我们有必要回顾法学实验班既往学术培养的经验和教训，剖析新型学术培养计划的原理，进而为完善法学实验班的办学水平和提高学生的综合能力提供思路和意见。

一、跛脚前行：法学实验班学术培养的不足之处

（一）实践理论配比失衡，知识积淀力有不逮

由于法学实验班以法律实践能力的培养为首要目标，其在课程设置、专业实习及教学管理等诸多方面都明显地向法律实务倾斜。[1] 但是，过分偏重实践，导致实验班学生培养成效有所偏废。一些学生不仅缺乏对法学专业知识的研究兴趣和钻研意识，也无法应对法学经典研读和法学论文写作的考验。譬如，法学实验班硕士阶段的课程仅安排 4 门研讨课，与法律硕士学院存在较大差异，容易导致学生忽视研究生阶段的学识积累，造成理论空心现象。

一个显著的现象是，本应体现实验班学生最高学术水平的硕士毕业论文，写作质量总体评价一直不高。尽管从表面上说，法学实验班学生硕士升学自本科入学便可确定，具有学制上的连贯性。但是，从内在剖析，法学本科与硕士研究生之间的衔接根本

---

〔1〕　这是六年制法学实验班创立初期就确定的方向，有研究者表示，"法学教育本质上是职业教育，通识教育应当在职业教育之间完成或者融入职业教育之中"，六年制法学实验班则"体现法学教育的精英性、职业性特征"。参见曹义孙：《中国法学教育的主要问题及其改革研究》，载《国家教育行政学院学报》2009 年第 11 期，第 62 页。

在于学养学识，而不在年级递增。用陈顾远先生的话说，法律教育的目标之一是"培育少数人的明法智慧"，这在法学实验班的"向上发展"中应尤为注意："他们不仅惯于守法，熟于知法，并且善于明法，其所以恃为宝者，不单是法律常识，不专是法律知识，而是有根底、有本原、有远识、有近效、有系统、有结构的法律学识。"〔1〕

　　法学实验班贯穿大四下学期与研一上学期的专业实习，本意是希望学生能有充分的时间和精力锻炼自己的实践能力，以符合应用型人才的培养目标。但在现实中我们发现，在长达一年的实习期中，校内导师和实习单位的校外导师没有充足的时间和精力来管理、指导和培育每一名学生，致使部分学生在实习期间虚度光阴，背离了跨越本硕阶段实习的良好初衷。进一步说，即便教师能够对学生的实习问题逐一点拨，在庞杂的司法实务工作之后，学生们大多没有余力投身于法学专业学习，并且法学实验班的培养方案中亦没有为实习期学生安排有针对性的专业课程，更加剧了学生对法学学术的疏离和陌生。如果说法学实践教学的目的是"建立价值、知识和经验三位一体的体系，让学生学会学术理性与实践理性的平衡"〔2〕，那么，在本科、硕士两大阶段过度强调专业实习，很可能使学生陷入脱离理论的境地，更遑论具有"厚基础、宽口径、高素质、强能力"和"能较熟练地应用有关

〔1〕　陈顾远：《陈顾远法律文集》，商务印书馆 2018 年版，第 508 页。
〔2〕　韩大元：《法学教育的人文精神》，知识产权出版社 2018 年版，第 128 页。

法律知识和法律规定办理各类法律事务，解决各类法律纠纷"。[1]

（二）教学资源汇聚不足，学术研究方法匮乏

法学实验班学生自大一始配备专业导师予以指导，但由于年龄结构、经验多寡、学科分布等不平衡，以及学院负责给学生安排导师而非由学生自主选择的规则，导致教学安排过程中难以充分发挥教师队伍的指引作用，学生不易有针对性地获得学术指点和专业帮扶，或者掌握一套规范有效的研究方法。这对法学实验班的实践导向而言也颇为不利。

例言之，法学实验班学生基本以公检法司或律所为就业去向，往往不太重视法理学、法律史及宪法学等理论法学的钻研，特别是法律史学科被"边缘化"后，中国传统时代的纠纷解决经验被忽视和磨灭，导致一些古代"习以为常"的细故纠纷在今日被视为不可解之难题。学生在受以西方的法教义学为圭臬的实践教学后，恐怕会加深这种对中国本土社会的隔阂，无法在西方法学理论与中国社会实践中"左右逢源"。如果学生能够在法学实验班厚积学术根底，充分重视和善于应用传统时代的治理智慧，无疑会有利于其体察、分析错综复杂又变动不居的社会矛盾，采取合理的、多样的、符合中国人生活之道的方法平息争端。一个范例是，清华大学法学院采取的"创新实验区"实践型法律人才培养模式，认识到扎根中国实际的重要性，组织学生长期迁往邯

———————

〔1〕 这也是侯淑雯教授发现六年制培养模式的四个悖论之一，即"卓越法律人才要求有创新性的、突出的专业才能，有更深厚的法学素养"，而压缩学制和理论课时后，"实验班的学生单在理论学习上就比普通班学生薄弱不少"。参见侯淑雯：《卓越法律人才的标准与六年制法学实验班培养方案的设计》，载袁钢、刘大炜主编：《实践性法学教育论丛·第五卷》，知识产权出版社 2017 年版，第 121~122 页。

郸市、固安县及乌鲁木齐等地开展传统习惯调研，鼓励学生"探求适合中国的法治理念和法治建设路径"，使学生认识到"法律的生命应当来自对国民中心性理念的概括与网罗"。[1]

何勤华教授言："在全面推进依法治国的大背景下，如何展示中华法律文化之精华，维系中华法律文明的血脉，并使之焕发崭新的生命力，是时代赋予政法院校的历史使命。"[2] 这恰恰与今天倡导优秀传统法律文化的创造性转化和创新性发展不谋而合。

二、阶梯育人：法学实验班学术能力的体系重构

为了弥补前述法学实验班学术能力之缺憾，近年来，中国政法大学法学院从培养模式、导师遴选、课程设置及学术竞赛等诸多方面做出了重大改革，尤以 2018 年修订法学院实验班人才培养方案、开设"法思系列"活动和持续举办"军都杯"法学论文大赛等校内外学术活动为亮点。尽管这些举措已经使法学实验班的培育境况焕然一新，革除了既往存在的众多问题，但我们发现，学生的学术能力依旧具有较大的提升空间，仍需呼唤一套完备、系统且科学的学术训练计划，以养成学生之学术兴趣、推动学生之学术积累、化成学生之学术灵魂。详言之，我们建议采取以下体系训练法学实验班学生的学术素养（见图 1）：

---

〔1〕 参见王晨光：《法学教育的宗旨》，北京大学出版社 2016 年版，第 119~157 页。

〔2〕 何勤华：《深化法学教育改革 培养法治人才》，载《探索与争鸣》2015 年第 1 期，第 23 页。

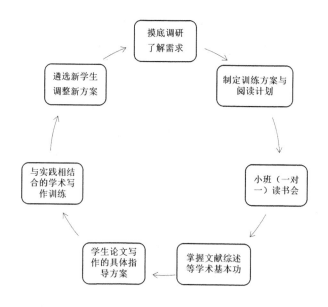

图 1 法学实验班学术能力的训练体系

第一，摸底调研，了解各阶段学生的学术能力、学术兴趣、接受能力和理论需求。六年制法学实验班在本科、硕士阶段及各个阶段之中，都有独立的、个性化的学术要求，"一刀切"的方式不能达到因材施教的良好效果。因此，法学实验班导师有必要定期对学生的学术素养加以评估和考察，针对个人情况及时调整学术能力塑造方案，防止将本硕各阶段的学术培养要旨混为一谈，不利于学生个人的学术成长。

第二，根据摸底数据和资料，制定和调整实验班的学术培养方案。这一阶段主要是针对学生个人水平和资质，为其指导适合的学术研究方向和路径，同时对实验班整体方案予以共性的修改，并在一段时间内予以试行和考察。其中，最为重要的是形成以阅读法学经典为核心的阅读计划，引导、带领和参与到学生的阅读活动中去，促使学生从经典中汲取学术养分和灵感。阅读计划的目标是使学生逐步形成阅读经典、品评经典到发现问题、分析问题再到解决问题的学术能力。

第三，在各年级学生中选拔部分学生分别进行小班与一对一相结合模式的学术训练，这一阶段以读书会的方式以及教师的教学、指导为主。目前，法学实验班已经打造出"法思系列"活动，由"法思大讲堂""法思写作坊"和"法思工作坊"组成："法思大讲堂"针对新时代的热点法学问题，不定期邀请法学理论或实务专家作为讲堂主讲，旨在开拓实验班学生的理论视野，培养现实情怀，提升问题意识和法律思维能力；"法思写作坊"以专题讲座的形式，针对实验班学生论文写作中遇到的问题，进行提升和辅导；[1]"法思工作坊"以小组活动的方式，由各个学科的专业教师以"师徒相授"的方式带领实验班学生研读法学经典文献、学习论文写作和评论，提高写作能力与规范性程度。以我们所开设的中国法律史学工作坊为例，工作坊已经连续 2 年、5 个学期进行《四书章句集注》读书会，倡导学生在老师带领下逐字逐句研读经典，每期持续 11 周~15 周，促进对中国法律史有研究兴趣的学生了解儒家传统文化的本源，夯实法学理论和实践的文化基础和知识底色。

第四，在"法思大讲堂""法思写作坊"和"法思工作坊"等学术平台的磨炼下，我们指导学生根据研读体会和专业学习实际，定期撰写读书报告、思想感悟及有关研究领域的文献综述。经典是滋养学生学术能力成长的最佳土壤，也是锻造学生独立人

---

〔1〕 活动成果的汇编，参见中国政法大学法学院编，焦洪昌主编：《法学论文写作：方法与技巧十讲》，中国法制出版社 2020 年版。

格的必备法宝。在经典与生活的融汇之后，学生们普遍感觉到经典学习是层递渐进、永无止境的长期考验。用朱子的话说："人常读书，庶几可以管摄此心，使之长存。横渠有言：'书所以维持此心。一时放下则一时德性有懈，其何可废！'"[1] 蔡元培先生概括曰："晦庵言修为之法，第一在穷理，穷理即《大学》所谓格物致知也……至其言穷理之法，则全在读书。"[2] 经典的摄入，有助于学生理解中国传统法律背后的理念与思想，最终跳脱出法律教条主义，以传统中国人的思辨精神去观察古代乃至现代社会，避免陷入"西方中心主义"的窠臼。

第五，通过读书报告、文献综述的积累及检验，为实验班学生制定个性化的论文指导方案，包括论文选题、资料搜集、文献研读、档案整理、框架确立、行文布局及各类写作规范，都需要在指导方案中明确时间、规划步骤，引导学生在独立思考、独立判断和独立创作的过程中体悟学术的方法和乐趣。在论文初稿完成后，指导老师需要及时提出修改和调整建议，也即在不断的学术打磨中锻造一篇好文章、塑造一个好学生。

第六，在读书报告之外，考虑到法学实验班学生的培养模式以实务为主，可以鼓励和启发学生从大量的社会立法、执法、司法和守法实践中挖掘写作和研究题材。学生可以通过专业实习、实地调研和数据分析等方式对书面上的学术问题产生全新认知和别样感悟，既可减少学生对学术研究"枯燥乏味"的反感，又可以与实验班的培养机制有机结合，是一举两得的培养思路。稍有疑惑的是，以法律史为导向的小班培养教学，是否与以实践为来

---

[1] （宋）黄士毅编：《朱子语类汇校》（第一册），徐时仪、杨艳汇校，上海古籍出版社 2014 年版，第 191 页。

[2] 蔡元培：《中国伦理学史》，湖南大学出版社 2014 年版，第 110 页。

源的论文指导相冲突？答案是否定的。在 20 世纪 30 年代的法律教育大讨论中，燕树棠先生就明确指出，法律人才需要具有法律头脑，其中必须"有历史的眼光"：

> 法律问题是社会问题之一种。社会问题是社会整个的问题。不明社会的过去，无以明了社会的现在，更无以推测社会的将来。学习法律必须取得相当程度的历史知识，才能了解法律问题在社会问题中所占之位置，才能对于其所要解决之问题为适当之解决。[1]

长期留学海外的盛振为也清醒地认识到：

> 于世界法律之大势，固当使学生有相当之研究，于本国之历史及社会之特殊情形，尤应使学生有（澈）[彻]底之了解，俾造成切合中国需要之法律人才。[2]

中国法律史的生命和价值从来没有在中华大地上消亡，反而以各种形式呈现于社会的各个角落。通过比对、感受古今法制之异同，其实也是一名中国学子真正融入中国法律社会的必备条件和必由之路。

第七，在小班和一对一教学之后，指导老师应根据既有经验和教训，及时遴选新一批学生，制定新一批方案，达到因材施

---

〔1〕 燕树棠：《法律教育之目的》，载《法学杂志（上海 1931）》1934 年第 2 期，第 8 页。

〔2〕 盛振为：《十九年来之东吴法律教育》，载《法学杂志（上海 1931）》1934 年第 2 期，第 137 页。

教、因时而变的良好效果。当然，在下一批学生被遴选之前，其并非完全依照旧式培养模式"依样画葫芦"，而是根据其学术兴趣和学术能力，由不同学科专业的教师予以分班辅导，假若具有多学科交叉培养的愿望和潜力，可以在新一批遴选中着重考虑，以实现人才的多向成长和实验班的百花齐放。

三、春风化雨：新学术能力培养模式的经验成效

经过两年多时间的新学术能力培养模式实践，我们取得了一些阶段性经验和成果，主要是：培养了一批兼具学术潜力和实践能力的优秀人才"走出去"，邀请了一批学术名家和青年才俊"引进来"，形成了一批具有"含金量"的读书报告和学术成果，养成了一股具有"孔颜之乐"的读书风气和治学意趣。

首先，自 2018 年以来，法学实验班学生的学术能力取得了有目共睹的进步，以经典研读、学术讨论和有关学术写作为主要形式的"法思"系列活动，营造成了法学实验班学术训练的品牌活动。长期的阅读经典和论文撰写，培养了学生们的写作兴趣和能力，有利于他们的学术写作进行循序渐进的专项训练，培养求真、严谨的学术精神，促进其学术规范的养成。近两年法学实验班学生的学年论文、本科毕业论文和硕士毕业论文的写作质量有所提升，在此受益不少。

其次，为了统筹教学资源，邀请较多学术能力强、资历深的老师鼎力加盟支持，法学实验班广邀包括清华大学、北京大学、中国社科院、中国人民大学、华东政法大学等学校的知名法学教授、史学名家作为主讲嘉宾和与谈人，涉及主题广泛，包括"喋血天京：太平天国的权力斗争与吏治""佛教中国化与中国佛教

化""刑事诉讼的理念误区""逻辑的观点看《民法总则》""贪与腐的囚笼""国家权力配置的功能适当原则"及"法律概念在法学研究中的意义"等，使学生在浓厚的学术氛围和宽泛的学术领域中，自觉养成学术兴趣、挖掘问题意识及形成研究思路。

再次，在新学术能力培养模式下，众多实验班学生及受此影响的学生寻找到独具个人特色的研究点，积累了一批代表新生代法科生的学术成果。比如，法学实验班 2018 级的郑子健同学，从入学开始一直参加"法思工作坊"读书会，读书会之后撰写的论文《同业公会的"教缘"内核——民国北平回民诸同业公会的纠纷处理》获得中国政法大学人文学院"华岩悦读奖"三等奖，该生目前大三，已确定将继续在硕士阶段主攻法律史，并确定了未来从事学术工作的志向。又如，民商经济法学院旁听读书会的尚凡童同学，读书会之后的报告《清律中的窃盗、拐带与费用受寄财产》在 2019 年获得中国政法大学本科生的最高学术奖项"学术十星"，并获得第九届"张晋藩法律史学基金会征文大赛"三等奖，是该届唯一获奖的本科生。此外，绝大部分读书报告都表现出学生在经典摄取后的所思、所想、所悟，不难发现其学术能力的积淀已经是"日用而不知"了。

最后，以中国法律史学工作坊为例，学生对《四书章句集注》所浓缩的儒家精神、中国文化有了全新的理解和感受，祛除了过往对中国传统文化的误解和偏见，形成了以修身律己为核心的向学态度，这种无形的影响恐怕是新培养模式最大的收获，亦是最不易的收获。譬如，参加读书会的徐燕来同学说：

　　说到"忠恕"，名句即是"其恕乎！己所不欲，勿施于人。""恕"这种品质无论时代都难能可贵。孔子曾评价颜回"不迁怒，不贰过。"其中的"不迁怒"就是"恕道"的重要体现。结合最近学习到的弗洛伊德的精神分析学理论，现在的人们也会无意识地产生情感的投射，比如在生气的时候对身边的所有人都是无可控制的愤怒的状态。所以，不论是过去还是现在，也只有颜回这样的贤人可以不迁怒，"恕"看似简单，但却不易做到。

宋秋怡同学在读书报告中也谈道：

　　四书，教人们的是怎么安顿自己的心灵。中国现代是缺少这种教育的，从小到大学校里没有一堂课教你怎么面对认识自己的心灵，怎么处理自己的情绪，然而实际上许多大人们其实也不知道怎么面对自己的心灵，怎么处理自己的情绪。心灵无法安顿，我们会找不到或者不肯接受自己在社会在人群中的位置，焦虑和担忧总会使我们身心俱疲。比如我们整个的教育氛围是焦虑的、急躁的：家长们争着给孩子报补习班，老师们不断将学生与学生比较，孩子们也不断用自己的成绩去与他人进行比较，考试拿不到理想名次时总是自责担忧，而达到了预期目标又对下一次的考试惴惴不安。后来读到儒家"其未得之也，患得之；既得之，患失之，苟患失之，无所不至矣"，这句话将我们的心理活动清清楚楚、明明白白地写在纸上，告诉我们这有多荒唐。儒家点出人的心理时往往一针见血，所以读这本书时我经常是羞愧的，自己心中隐秘的角落都被拉出来晾在青天白日之下，让我不得不去直面它，改正它。

孔子说："饭疏食饮水，曲肱而枕之，乐亦在其中矣。"其又称赞颜回说："一箪食，一瓢饮，在陋巷，人不堪其忧，回也不改其乐。"[1] 这种淡泊而悠远的修养之乐，正逐渐在学生之中内化于心、外化于行。

四、结语

学术能力的培养和提升不是一朝一夕就能完成的，除了要建构完备的培训体系、招揽雄厚的师资力量、提供充沛的资金支持外，还必须根据时代要求和学生特色，激发学生的主体能动性，避免学生学术能力的"在校过场"和"离校反弹"。梁漱溟先生的话值得警惕：

假学问的人，学问在他的手里完全不会用。比方学武术的十八般武艺都学会了，表演起来五花八门很像个样。等到打仗对敌，叫他抢刀上阵，却拿出来的不是那个，而是一些幼稚的拙笨的，甚至本能的反射运动，或应付不了，跑回来搬请老师。这种情形在学术界里，多可看见。可惜一套武艺都白学了。[2]

新培养模式的目的，是使学生成为夯实学术能力的思考者、

---

〔1〕 杨伯峻译注：《论语译注》，中华书局 2009 年版，第 58、69 页。
〔2〕 中国文化书院学术委员会编：《梁漱溟全集》（第四卷），山东人民出版社 2005 年版，第 864 页。

实践者、探索者和获益者，将扎实的学术能力与实践特长相结合，使学术成为实践的依托，实践成为学术的检验，切实提升法学实验班的办学质量。

换言之，在扎实推进中国政法大学建设世界一流法学学科的背景下，要继续将"立德树人、提高育人治学质效"贯穿始终，将培养品德优良、学识丰富、能力卓越、智慧不凡、人格健全、全面自由发展的学生放在法学实验班发展的中心位置，也要着力提升法学实验班的办学水平和人才培养质量，使法学院独具特色的人才塑造模式焕发出更加亮眼的色彩。

突发公共卫生事件下高等教育的实践展开

——以法学教育为中心的考察

◎蒋志如*

摘　要：突发公共卫生事件（如 2019-nCoV）必将对国家、社会和普通民众带来不便甚至诸多麻烦。除了以科学方式应对危机外，还得考量在危机语境下恢复生产、生活的最佳方式。在本文中，笔者以高等教育、法学教育为例，考察了突发公共卫生事件中的管制方式对普通大众带来的不便（活动局限于物理空间下的家），亦考察了高等教育展开的各种方式和法学教育的特点，进而对法学教育的实践展开提出了一些建议：借鉴MOOC 的运作模式，通过学校和师生的共同努力（改变

　　*　蒋志如，兰州大学法学院副教授，法学博士，研究方向：刑事诉讼、司法制度、法学教育。

教学方法、学习方式和网络课堂展开方式），提升法学教育质量。

关键词：2019 - nCoV　突发公共卫生事件　法学教育
MOOC

一、问题之提出

2003 年在中国肆虐的传染病"SARS"（中文名"严重急性呼吸系统综合征"，简称"非典"）起源于广东省。"SARS"从 2002 年底开始到 2003 年初肆虐广东省，最终发展成一场全国性的突发公共卫生事件，直到该年 7 月解除疫情［这次疫情导致全国（不含港澳台）感染人数达 5327 人，死亡有 348 人］，全国恢复正常发展轨道[1]。此次疫情波及全国，持续时间长达半年之久。时隔 17 年后的 2019 年 12 月，武汉暴发新型冠状病毒肺炎疫情（英文名简称"2019 - nCoV"），短短一个月时间迅速波及全国，到目前为止全国仍然处于积极防疫状态。（截至 2020 年 2 月 22 日，不到 2 个月时间全国感染人数 76 396 人，死亡已有 2348 人，虽然最终战胜新型冠状病毒肺炎是毫无悬念的事情，但仍已超过当年"非典"对中国的影响。）[2]

2003 年暴发的 SARS 事件，是中华人民共和国历史上第一次面对突发性的全国范围公共卫生事件。疫情暴发后，地方政府虽然最初表现得有些不知所措，但党和政府迅速组织力量、采取措施应对疫情，整个疫情期间组织有序[3]；2019 年底暴发新型冠

---

〔1〕　参见《SARS 事件》，载搜狗百科：https：//baike. sogou. com/v74652279. htm? fromTitle = 2003 年非典事件，最后访问日期：2020 年 2 月 22 日。

〔2〕　参见《疫情实时动态》，载凤凰网：https：//news. ifeng. com/c/specialClient/7tPlDSzDgVk? needpage = 1，最后访问日期：2020 年 2 月 22 日。

〔3〕　参见中央人民广播电台新闻评论部编著：《反思：非典下的中国》，南海出版公司 2003 年版，第 3~41 页。

状病毒肺炎疫情后，党和政府迅速采取封城（1 月 23 日武汉全面封城）、隔离等一级响应机制以应对疫情，到现在疫情形势迅速得到扭转，全面胜利指日可待。

在抗击疫情中，国家和社会主要通过行政手段，以预防、隔离的方式实现疫情管制，同时也积极研制对抗非典、新型冠状病毒肺炎的药物，总结治疗病人的经验。而且国家、社会、家庭、个人均处于国家突发公共卫生事件一级响应状态中，作为个体只能"消极"适应、积极配合，主要表现为居家"隔离"，其他事项（对外交往、旅游、经济、教育等）大致都处于停顿状态。但是，社会仍然需要运转，时间仍不停息，有些事项不管如何都得向前推进，如年龄的增长、基本经济活动的继续（日常生活资料的生产和运转）、教育领域中的毕业的到来（小考、中考和高考、大学生毕业、研究生考试等）。进而言之，我们仍然有必须推动，甚至是需要积极推动之事项，我们需要在"被动"应对中，在可以、可能的范围内寻求积极行动的空间。就本文关注之对象而言：突发公共卫生事件是常规社会中的一个例外，高等教育（作为常规社会的一项基本事项）的展开却是突发公共卫生事件语境下的一个例外。正如当下教育部在这次新冠疫情中所提倡的"停课不停学"[1]，它要求学校、教师、学生均积极适应这一特殊时期的常规活动。

在本文中，笔者拟对疫情之中，特别是对疫情采取一级响应

---

〔1〕 《教育部办公厅 工业和信息化部办公厅关于中小学延期开学期间"停课不停学"有关工作安排的通知》，载教育部官网：http: //www. moe. gov. cn/srcsite/A06/s3321/202002/t20200212_420435. html，最后访问日期：2020 年 2 月 25 日。《教育部应对新型冠状病毒感染肺炎疫情工作领导小组办公室关于在疫情防控期间做好普通高等学校在线教学组织与管理工作的指导意见》，载教育部官网：http: //www. moe. gov. cn/srcsite/A08/s7056/202002/t20200205_418138. html，最后访问日期：2020 年 2 月 25 日。

应对语境下，突发公共卫生事件下中国高等教育的展开问题进行考察。鉴于笔者长期从事法学教育实践，因而本文将以法学教育为例讨论中国高等教育的实践展开问题：首先，描绘和展开（高等）教育在（一级响应下）疫情期间展开的具体语境；其次，讨论高等教育与初等教育（特别是高三毕业生）实践的展开情况，以凸显高等教育的特殊之处；再次，以法学教育的实践展开过程探讨我们可以努力的限度和其存在的根本缺陷；最后，作为结语，通过对照常规社会下法学教育的展开情况，再审视疫情下的（高等）教育实践，并总结前文，提出一些建议以推进对这一问题的观察和认识。

二、中国高等教育展开的社会背景：SARS 与 2019-nCoV 的应对方式

教育所指向的对象是学习者，如果是系统的学校教育则主要是针对未来劳动者，他们需要一定的场所（学校及有类似效果的空间）及配套设施（如图书馆、体育馆等）、组织者（教育主管部门）、实施者（学校行政人员与教学人员）和接受者（学生），亦即学校教育是一种有组织、大规模、系统化的社会活动[1]。这与应对突发性公共卫生事件的基本模式完全是南辕北辙，不可能共存。教育行政部门的应对之策只有停课一途，让学生各回各家，让教师也各回各家，教育处于"瘫痪"状态。

但突发性公共卫生事件不是一天两天即可终结，也不是一两个月结束。从一般规律看，从其暴发到结束需要好几个月、甚至

---

〔1〕 参见［美］拉塞尔·L. 阿克夫、［美］丹尼尔·格林伯格：《翻转式学习：21 世纪学习的革命》，杨彩霞译，中国人民大学出版社 2015 年版，第 1593 页。

半年以上的时间。2003 年的非典，从 2002 年 11 月起持续到 2003 年 7 月；这一次的新冠疫情从 2019 年 12 月初到现在仍未结束。在如此长的时间里，国家和社会让教育事业处于完全停顿状态也是一件不可思议的事情，进而教育部提出了"停课不停学"的倡议和号召，各类学校、各类教育，包括高等学校、高等教育均积极探求"停课不停学"的实现路径。

不过，在笔者看来，要达到"停课不停学"的目标，我们首先需要探求当下疫情状态下，我们可以活动的空间，或者更确切地说是党和政府为了抗击疫情而对社会进行管制的力度、强度。对此，我们将对 2003 年 SARS 事件和当下的新型冠状病毒肺炎事件下的社会管制情况作一个初步的描绘。

（一）SARS 的流行与管制过程

2003 年非典事件从 2002 年 12 月起开始于广东，到 2003 年 3 月扩展到北京，同年 4 月，党中央对其高度重视，全中国掀起"关注非典的歼灭战"，到 7 月取得全面胜利[1]。这一过程体现了党和政府对非典的认识、理解和对社会的管制、治理过程，针对本文关注的主旨，对其可以做以下几方面观察：

首先，就治疗 SARS 患者的医院而言：医院是治疗病人的地方，非典病人自然而然进入医院这一空间和场所。但 SARS 病毒属于突发性传染病，传染性高、死亡率高，带有人传人的特点，而且在当时属于新兴病毒（并无现成治疗方案）[2]。针对这一

---

〔1〕 参见万希润主编：《SARS 10 年——"非典"亲历者的回忆》，文化艺术出版社 2013 年版，第 1~19 页。

〔2〕 参见刘双、王天辉：《北京 2003 年 SARS 疫情的数值模拟》，载《生物数学学报》2010 年第 4 期；王化琨、陈莉莉：《北京地区 2003 年 SARS 传染期问题的分析》，载《黑龙江大学自然科学学报》2006 年第 6 期；陈少贤等：《社区人群对非典的知信行研究》，载《中国农村卫生事业管理》2003 年第 6 期。

点，最根本的应对方法即为隔离，但医院医生、护士等医务人员又必须接触病人，其保护手段和隔离手段应当最严格，具体而言如下：

其一，建立独立的小汤山医院，专门救治非典病人。2003 年 4 月，北京非典病人迅猛增加，各大医院疲于奔命，为了避免感染，也为了更好治疗，党和国家决定在房山建立一所专门应对 SARS 的医院（仅用 7 天即修建完毕），共收治 680 名病人（占全球非典病人的 10%，中国的 1/8)[1]。专门治疗 SARS 的小汤山医院，不仅将病人与社会其他人进行隔离，而且也将 SARS 病人与其他病人有长距离上的隔离；不仅仅可以更专业地治疗非典病人，更能有效地让 SARS 病人之间相互隔离。

其二，不管是独立的小汤山医院，还是其他医院，在收治 SARS 病人后，其内部管理可以大致描绘如下[2]：①医院从区域布局上形成污染区、缓冲区、半污染区、清洁区的基本格局；②形成严密的医务人员管理机制，即"三三制"管理，三级管理（医院、督导办、科室）"三管齐下"（督导员、科主任护士、岗位负责人）；③从预防角度看，有培训（岗前培训、操作研习、掌握知识、通报情况），还有后勤服务队伍的形成（包括清洁队、内勤队、外勤队和消毒队）；④个人防护措施达到最严标准。坚持"宁严勿松，宁隔勿纵"的基本原则，从衣服着装（防护服）

---

〔1〕 参见程建设：《小汤山 SARS 医院建设简介》，载《工程建设与设计》2003 年第 5 期；缪晓辉：《小汤山医院管理启示》，载《解放军医院管理杂志》2003 年第 4 期。

〔2〕 对此的描绘，可以参见万希润主编：《SARS 10 年——"非典"亲历者的回忆》，文化艺术出版社 2013 年版；邓传福等：《小汤山医院预防 SARS 院内感染的组织与管理》，载《中国医院》2003 年第 9 期；缪晓辉：《由小汤山医院医务人员的零感染率谈 SARS 的个人防护》，载《第二军医大学学报》2003 年第 7 期。

到日常管理均依据最严格的程序进行。

其次，就学校（这里主要描绘高等院校）而言：2003 年非典起源于 2002 年底，但真正成为一个需要集全国之力应对的突发性公共卫生事件，或者说党和政府将其作为国内最重要的大事处理是在 2003 年 4 月的时候（持续到 6 月至 7 月）。在这时，所有学生均在学校就读，进而言之，2003 年疫情期间，学生均在学校，特别是高等学校（一般是住校），学校面临着管理学生的艰巨任务。在此，我们将以北京一个高校的管理情况为例描绘学校在 SARS 期间的管制方式[1]：

其一，成立学院"非典"防治工作领导小组：①由院长、学院书记担任组长的领导小组；②学院各个部门、各个学院由负责人担任本单位的领导小组负责人。每一级单位落实防疫措施，记录各学院师生的健康情况、出勤情况与思想动态，并每日按时向上汇报[2]。

其二，具体防疫措施：校外人员不得入内，所有人员凭证进出校门，离校 5 天以上的人员必须登记，并在指定地点隔离（时间为 12 天）；免费发放中草药汤剂；每名学生均配备一支温度计；宿舍、图书馆、教室、食堂、会议室等场所每天至少消毒

---

〔1〕 虽然各个高等院校在行政级别、学风、校风有很大差异，但在管理机制上却是大同小异，特别是在特殊情势下，他们的管理和表现更趋一致性，进而以一个高校为例可以展示中国高校在 SARS 肆虐期间的基本管理模式。在这里我们以北京广播学院（即今天的中国传媒大学）为例：该校对非典期间发生的大事、日志和学生心得进行系统整理，出版了一部专著，即《走过"非典"》，下面的叙述，均来自该部著作的资料整理。

〔2〕 参见姜纳新编著：《走过"非典"》，中国传媒大学出版社 2006 年版，第 5~13 页。

一次[1]。

其三，具体的教学管理中的预防与控制措施，主要有："……二、学校在没有发现'非典'或疑似症状人员的情况下，原则上继续上课。三、为做好预防和控制'非典'工作，二级学院与教务处共同商量，制定出一旦发现疫情教学计划及时调整的预案，做到变大课讲授为自学、网上学习与交流、电话咨询和写作业等方式，停课不停学，并于4月23日前报教务处备案……五、公共选修课（体育选修课除外）、艺术类选修课，授课时间作出调整，暂停两周，由选修课教师安排学习方式，布置作业、写论文等，安排学生自学，作业与论文可作为课程考核的一部分。具体开课时间另行通知……七、二级学院要加强对教师的考勤，及时查清缺勤教师的原因，每天向"防控非典型性肺炎领导小组"报告。八、教师和学生要按时到课，教师要加强对学生的考勤，及时查清缺勤学生的原因并向相关二级学院汇报考勤情况。九、各班班主任每天要对本班学生进行考勤，向二级学院汇报。二级学院汇总后，向学校防控非典型性肺炎领导小组和学生处报告。对于不请假擅自离校的学生，按学籍管理规定处理。十、为了保护师生的健康，一旦发现'非典'或疑似症状的师生，要坚决予以隔离。各二级学院要采取切实有效的措施，做到早发现、早治疗、早报告、早隔离。与其有过密切接触的人，隔离期至少为两周……十二、对于隔离的师生，相关二级学院应按照报教务处批准后的教学调整计划进行教学。改变教师的教学方式和学生的学习方式，变大课讲授为自学、网上学习与交流、电

---

[1] 参见姜纳新编著：《走过"非典"》，中国传媒大学出版社2006年版，第10~11页。

话咨询和写作业等方式，做到停课不停学"[1]。

大致有如下要点：①继续上课，上课的方式可以多样，即"停学不停课"；②加强教师、班主任对学生的管理；③做到"早发现、早治疗、早报告、早隔离"；④隔离学生仍然得学习，得自学。

最后，就国家对社会秩序的管理而言：社会各项事业都受到很大影响，如旅游业受到很大影响（处于停顿状态）、其他公共性活动取消、餐饮业也急剧减少[2]。但国家并未对社会做进一步规制，正常的交通、经济活动并没有被强制取消，这与 2020 年的管理迥异（后面将有进一步分析，在此暂略）。

总而言之，2003 年非典期间，国家第一次应对一场突发性公共卫生事件时采取的各种行政手段和社会管理方式张弛有度，达到了预防和控制的效果。

（二）2019-nCoV 的流行与管制过程

2019-nCoV 疫情起于 2019 年 12 月，集中暴发在 2020 年 1 月，持续到当下，可以预期，其还将持续一段时间[3]。根据中国一年四季既有的作息和工作规律，就本文关注的主题而言，这段时间恰好是学校即将从寒假到第二学期（春季学期）的入学时期。但疫情的高峰期正处于春节前后，我们的学生基本在家，就教育而言，面临是否可以开学、如何开学、如何实现"停学不停课"等问题。要做到这一点，我们也得初步梳理这一次疫情的社

---

[1] 参见姜纳新编著：《走过"非典"》，中国传媒大学出版社 2006 年版，第 13~15 页。

[2] 参见中央人民广播电台新闻评论部编著：《反思：非典下的中国》，南海出版公司 2003 年版，第 124~166 页。

[3] 《我们有信心四月底基本控制疫情》，载《北京晚报》2020 年 2 月 28 日，第 14 版。

会管制方式和管制情况：

首先，就治疗 2019-nCoV 的患者的医院而言，与 2003 年大致相同，但也有差异：新型冠状病毒于 12 月暴发后，在 1 月下旬向全国扩散，国家立即启动突发性公共卫生事件的一级响应。在湖北武汉成为重灾区后（并在 1 月 23 日决定全面封城），全国各省（包括军区医院）均积极派遣专业治疗队伍支援武汉抗击 2019-nCoV。随后，湖北省人民政府、武汉市人民政府决定仿效 2003 年北京小汤山医院模式，建立了"火神山医院"和"雷神山医院"两所定点医院治疗 2019-nCoV 的患者[1]。

其次，就防范 2019-nCoV 传染的社会管理体制而言，主要有如下措施：其一，武汉封城，湖北省内高速公路封路，要求武汉居民不能在城内流动，更不能到城外、省外流动；其二，全国各地各部门从上到下落实到每一个小区、乡村（村、组），梳理人口流动情况（重点清查已从武汉回家、从湖北回家的人员）、人员健康情况，按时汇报（每天一次）；其三，逐渐取消部分飞机航班、火车车次、客车车次，尽量让辖区内人口不流动，即使武汉、湖北之外的地方也如此；其四，小区管制、乡村管制升级，小区居民每家每户一周出门买菜和日常生活用品 2~3 次，村与村之间设置障碍，不得随意流动。简而言之，让全国人民尽量待在家里，人员尽量不流动，以预防病毒的进一步扩散。

最后，就学校（这里主要描绘高等院校）而言：在 2019-nCoV 集中暴发期间（武汉封城前后），学校均处于放假状态，学

---

[1] 《武汉蔡甸火神山医院》，载搜狗百科：https://baike.sogou.com/v18494840 1.htm? fromTitle=火神山医院，最后访问日期：2020 年 3 月 2 日。《武汉江夏区雷神山医院》，载搜狗百科：https://baike.sogou.com/v184957334.htm? fromTitle=雷神山，最后访问日期：2020 年 3 月 2 日。

生分散在家，最初并没有学校的管理与教学问题。随着时间的推移，学校之开学提上议事日程，开学日期一延再延，到目前 3 月 2 日为止仍处于停课阶段。针对即将到来的开学，教育部从 2 月 4 日以来，陆续出台系列文件规范学校教育，根据其内容可以简单描绘如下：其一，贯彻"停课不停教、停课不停学"的基本原则；其二，开展在线课堂（主要通过微信群、QQ 群、钉钉等平台）展开教学，进行师生互动，教授知识、检查作业；其三，学生、老师每天都应当汇报基本情况、更需要作健康情况汇报[1]。简而言之，这一教学模式和管理方式并不要求学生到校，教师、学生在家即可完成教学任务和学习作业，所有人仍然处于"静止"状态。

总而言之，如果从预防与治疗 2019-nCoV、应对突发公共卫生事件角度观察的话，党和国家所有应对方式的意旨均在于通过隔离实现预防 2019-nCoV 传染。

三、突发卫生公共事件与高等教育

经过 2003 年非典和 2019-nCoV 两次突发公共卫生事件，我们对应对突发卫生公共事件的措施有了更深入认识，根据前述，我们可以简单总结为如下两方面情况：首先，公开、公布关于传染病的信息（包括疾病本身知识、预防知识，传染情况和注意事

---

〔1〕 可以参见教育部 2020 年 2 月 4 日以来发布的《教育部应对新型冠状病毒感染肺炎疫情工作领导小组办公室关于在疫情防控期间做好普通高等学校在线教学组织与管理工作的指导意见》《教育部应对新型冠状病毒肺炎疫情工作领导小组办公室关于在疫情防控期间有针对性地做好教师工作若干事项的通知》《教育部办公厅 工业和信息化部办公厅关于中小学延期开学期间"停课不停学"有关工作安排的通知》《中共教育部党组关于统筹做好教育系统新冠肺炎疫情防控和教育改革发展工作的通知》四个文件。

项等）；其次，强制隔离（包括医院本身治疗方案的最严格医疗隔离，也包括潜在的传染情况的社会隔离），尽量让公民处于静止状态。在 2019-nCoV 疫情期间，对社区、单位、社会的管理达到空前严格，几乎是让 14 亿国人都居家隔离。进而言之，家的物理空间为所有人活动范围，家之外的物理空间受到严格限制和管理。

在前述语境下，学校、教师与学生互动有多大空间可以选择，有哪些方式可以采用？要探讨这个问题，我们还得先考察（高等）教育运行的基本条件，在此基础上方可探讨突发公共卫生事件下（高等）教育运行需要的特殊条件，申述如下：

（一）教育、高等教育运行的一般条件：作为社会常态的运行情况

教育自古以来即有：技艺教育主要采用学徒制方式展开；贵族教育则由书院、教会等相关机构负责；现代教育是工业社会的重要组成部分，由初等教育、中等教育（包括职业教育）与高等教育组成，是一种系统的、前后相继的、持续数年甚至十余年之教育[1]。到了工业社会后的信息社会（后现代社会或者说后工业社会），还有学者提出终身教育、终身学习的新教育取向和泛在大学（即大学终结后）的各种教学与学习形式[2]。

虽然在现代社会中，多元化的教学、学习模式并存，但在一

---

〔1〕 关于教育之起源、历史及教学演进过程的文献，可以参见［法］涂尔干：《教育思想的演进——法国中等教育的形成与发展讲稿》，李康译，商务印书馆 2017 年版；［德］弗·鲍尔生：《德国教育史》，滕大春、滕大生译，人民教育出版社 1986 年版。

〔2〕 参见［美］凯文·凯里：《大学的终结：泛在大学与高等教育革命》，朱志勇、韩倩等译，人民邮电出版社 2017 年版；［美］拉塞尔·L. 阿克夫、丹尼尔·格林伯格：《翻转式学习：21 世纪学习的革命》，杨彩霞译，中国人民大学出版社 2015 年版。

名现代公民成长、社会化的过程中，学校教育最为重要。学校教育——无论是初等教育、中等教育，抑或高等教育——运行的基本条件或模式可以简单描绘如下：中央政府、地方政府或者民间力量创办一所学校，提供一个物理空间（学校及其内部各种设施），聘请若干教师，招收学生（不同类型学校要求具备不同条件，不同层次学校也有不同要求），根据国家、地方教育主管部门制定的教学大纲、教学计划开始教学。开展教学的物理空间一般为室内教室，在这一场域，学校及其背后的行政力量已隐而不显，出场的只有教师与学生。他们以具体的知识、信息为媒介，遵守基本的课堂纪律，通过教师之"教"、学生之"学"进行教学互动，进而完成知识的积累与传承[1]。

进而言之，在教育中，教室教学、课堂教学是其集中体现、基本表现，而教室这一非常独立的物理空间则是展示知识、师生互动的背景。它要求教师、学生在传承知识时具有亲历性、共时性特征，具体而言是教师通过讲解、展示、分析的方式表现知识、经验与智慧，学生则通过倾听、观察、表达、模仿等方式反馈习得的知识、经验；在此过程中，通过物理空间的教室，实现了时间、空间与人的同时性。一言以蔽之，课堂教学、教室教学及其背后的学校、教育行政主管部门主导下的（高等）教育是绝大多数人的成长之路、社会化之路，绝大多数人以此获得进入社

---

[1] 参见［美］约翰·I. 古德莱得：《一个称作学校的地方》（修订版），苏智欣、胡玲、陈建华译，华东师范大学出版社 2014 年版，第 84~113 页、第 286~320 页。另外，其实还有些配套措施：中小学教育中，学生回家后的复习、练习、巩固与再提升；在大学中，课堂后的阅读、辩论、实践等环节也是学习知识、技能不可缺少的环境。但学校中的课堂教育是最主要、最集中的体现教育的场域。

会的经历、学历、技术和教养[1]。

但有一些有志之士对这一教育体制提出异议，并持续对这一教育制度、学校教育提出批评，他们认为当下的教育沦为一种学历教育、文凭教育[2]，并认为该教育运行成本高、效果却很差[3]，而且诸多生活条件差、偏远地区的学生缺少接受教育的机会[4]。基于（高等）教育体制的诸多缺陷，学者提出了改变现行教育体制的各种方案：

第一，翻转课堂，其基本要义可以这样描绘：教师制作教学视频，学生家里配备电脑等相关教学设施（如电脑或相关播放视频的电器设备），学生在家学习教学内容（通过观看视频方式学习）在课堂上则由老师负责解答疑惑。进而言之，将课堂时间与课余时间翻转过来，既有的课堂教学变为辅导、答疑课，而家庭中的复习、练习课变为教学课，进而提高学生的学习能力与学习效果，发展到极致即为建立翻转课堂的学院（所有的教学与学习都通过视频方式、网上答疑的方式实现）[5]。在这里，我们应当注意，翻转课堂仍然不是抛弃了学校教育环节，而是依靠学校教育，将教室教育与家庭学习结合的一种教育模式，但的确是对既

---

[1]　有的学者质疑教育、高等教育、系统化教育给受教育者带来的各种益处，如改变个体的命运、社会更平等，参见黄庭康：《批判教育社会学九讲》，社会科学文献出版社 2017 年版，第 2~6 页。

[2]　参见［美］兰德尔·柯林斯：《文凭社会：教育与分层的历史社会学》，刘冉译，北京大学出版社 2018 年版。

[3]　参见［美］凯文·凯里：《大学的终结：泛在大学与高等教育革命》，朱志勇、韩倩等译，人民邮电出版社 2017 年版，第 43~65 页。

[4]　特别是非洲地区居民接受教育的人比例不高，参见［美］Curtis J. Bonk 等主编：《慕课和全球开放教育》，焦建利等译，华东师范大学出版社 2018 年版，第 281~287 页。

[5]　参见［美］萨尔曼·可汗：《翻转课堂的可汗学院：互联时代的教育革命》，刘婧译，浙江人民出版社 2014 年版，第 83~86 页、第 97~120 页。

有教育制度的提升和完善，改变了学校的教育方式、教学方式[1]。

第二，在线课堂、慕课：慕课是在线教育的组成部分，即大规模开放式在线课堂。MOOC，是 Massive Open Online Course 首字母之简称[2]，它要求有互联网支撑、一定组织开放教学资源（课程、PPT，视频，阅读资料）、学习者获得许可使用授权，和应有学习评价体制。通过如上系列环节后，学习者获得一定能力的学分、证书等外在标志，进而得到国家和社会的承认。这一教学模式，可以容纳大量学习者在不同时间、不同空间学习，是一种远程教育模式，但更多是学习者根据自己的需要自主地、灵活地安排学习的学习方式[3]。

如果对照翻转课堂的话，我们可以做出如下判断：翻转课堂依赖于学校正式课堂或者说教室课堂，而在线课堂、慕课则是学生自主学习的场域，学校教师基本上不再面对具体学生，而是面对抽象意义上的学生或者说任何观看该课程的学生，是一种与传统教学迥异的教学模式，打破了传统意义上的以课堂和教师教育为中心的体制。

（二）突发公共卫生事件下的高等教育的展开：作为例外的运行情况

在前一部分，我们叙述了如下情况：当今社会教学方式、模

---

〔1〕 参见［美］乔纳森·伯格曼：《翻转课堂与深度学习：人工智能时代，以学生为中心的智慧教学》，杨洋译，中国青年出版社 2018 年版，第 130～133 页。

〔2〕 参见汤敏：《慕课革命：互联网如何变革教育?》，中信出版社 2015 年版，第 6～7 页。

〔3〕 参见［美］Curtis J. Bonk 等主编：《慕课和全球开放教育》，焦建利等译，华东师范大学出版社 2018 年版，第 3～11 页、第 349～358 页；汤敏：《慕课革命：互联网如何变革教育?》，中信出版社 2015 年版，第 7～12 页。

式、教育体制日益多样，翻转课堂、慕课、在线课堂为新兴的教学方式，其与课堂教学、学校教育鼎足而立。虽然新兴的教学模式、方式在茁壮成长，甚至有的学者在呐喊"大学的终结"，但并未撼动当下的学校教育或者说当下高等教育依旧招生、教学和毕业，在培养社会人才方面占据的基础地位。此外，翻转课堂和慕课的确为学习者提供了更多的学习渠道，已是一种补充，甚至是重要的补充，而非主流——同样，其也不可能成为主流的教学模式。两者属于主流与支流、原则与例外的关系，特别是对正在成长、社会化的大学生而言更是如此，虽然有慕课倡导者声称"慕课：人人可以上大学[1]"。

2019-nCoV 疫情暴发，国家启动突发公共卫生事件一级响应，整个国家处于特别时期、特殊状态，我们的（高等）教育在此疫情期间应当如何展开呢，或者说在处于特殊管制语境下，高校如何根据现有体制、技术和力量展开教育活动？根据前述描绘，可以简单申述如下：

首先，常规高等教育已不可能进行：不管是 2003 年的非典，还是当下的 2019-nCoV 疫情，如前所述，虽然 2003 年非典隔离的要求、程度没有这一次严格和普遍，但理念和行为方式同一，即实行隔离，尽量避免群体性聚集。即使不能避免也应当采用最严格的防护措施预防，要求个人活动家庭化、"原子化"。而常规、正态的教育运行的基本方式即群体聚集（在教室及其类似物理空间中以教师之"教"和学生之"学"相互动方式展开），与防疫措施矛盾，甚至是水火不容，所以传统的高等教育只能停

---

〔1〕　参见［美］乔纳森·哈伯：《慕课：人人可以上大学》，刘春园译，中国人民大学出版社 2015 年版。

止，即学校停课、停学——如果没有任何其他选择时，或者即使有其他选择而条件不具备时也只能纯粹地停课停学，而不是"停课不停教、不停学"。

其次，翻转课堂不可能展开：在前面，我们已经叙及，翻转课堂虽然与纯粹的课堂教学迥异，将学习正式分成课堂教学与家庭学习两部分，但也仅仅将课堂教学（主要是讲授新知识）与在家的家庭学习（主要承担预习、练习、巩固新学知识的功能）的职能做了个互换。而且值得注意的是，这一教学模式主要的实践场域为中小学校之初中等教育，而非高校的高等教育[1]。进而言之，翻转课堂并没有颠覆课堂教学，只是课堂教学的改革之成果，在本质上是课堂教学的组成部分，这很难为当下高等教育吸收和采用。

最后，远程教育可以进行：前述提及的在线教育、慕课均属远程教育。近年来，新兴教学改革运动中最有代表性的是慕课，它倡导的基本理念是"任何人、在任何时间、任何地方能学到任何知识[2]"。进而言之，它欲以达到的教育、教学效果是不择时间、地点和空间等因素的限制而实现教育之"教"与"学"。此外，它也有最低条件的配备，诸如全球或者境内互联网的联通、各种具体课程的制作（课程专题化、录音录像、后期整理等环节，正如有的学者的描绘，这是拍电影的做法[3]）、开放资源等条件。2003 年非典时期这些条件并不具备，再加上当时疫情最严重时期学生处于学校，远程教育之采用不是可取之法；但在

---

〔1〕 参见汤敏：《慕课革命：互联网如何变革教育？》，中信出版社 2015 年版，第 70~80 页。

〔2〕 参见汤敏：《慕课革命：互联网如何变革教育？》，中信出版社 2015 年版，自序。

〔3〕 参见汤敏：《慕课革命：互联网如何变革教育？》，中信出版社 2015 年版，第 12~13 页。

2019-nCoV 疫情期间，学生分散全国各地，信息社会已经形成，慕课成为可能、远程教育成为必须。

综上所述，在 2019-nCoV 疫情期间，在中国史上最严格的防控级别语境下，通过盘点既有教育模式，慕课模式是我们可以选择的模式，以实现"停课不停学"之目的。但是，当我们仔细审视慕课的运作模式，其仍然与中国当下的教育体制、教育理念、行为方式有很大的差异，需要对其作修正：

首先，这次疫情中的"停课不停学""停课不停教"针对的对象是所有学生，是全面的教育、针对所有课程的教育。这与慕课的情况有异：常规语境下的慕课，其教师早已确定，一般为知名学者，而且学生具有不确定性；而疫情之下的远程教育为各个高校既有之教师，学生也为在校学生，规模有限（与学校的招生规模有关，如果是专业课的话，一般不超过 100 人）。

其次，这次疫情中的教学并没有事先制作精美的视频资料供学生选择，而是在确定的时间，由任课教师（根据学院之教学计划、教学大纲并以本院教师负责）通过微信、QQ 等平台进行现场直播。而一般意义上的慕课则是打破了学校之限制，由教学团队制作视频，并上传到特定平台（有商业公司对其进行运作），学生有诸多选择，但不是每一门课程都有选择。

基于此，我们可以做出如是判断，疫情之中的远程教育只是既有教室教学在不同空间的展示而已，在缺少既有课堂纪律、空间感的教学中，我们如何保持教学效果甚至是进一步提升教学效果？一方面，我们得充分利用慕课、翻转课堂等新兴教学模式的优势在突发公共卫生事件中开展我们的高等教育；另一方面，保持甚至提升高等教育之教学质量。对此，我们将以法学教育为例做进一步阐释中国高等教育教学质量的保持与提升问题，请看下面的分析。

四、2019-nCoV 疫情中法学教育的实践展开：对慕课之修正

法律、法律职业、法治是现代工业社会秩序保障和发展的基本手段，而法学教育则是为法律、法律职业、现代法治的再生产提供知识、理论、智慧和灵感的重要机制[1]。虽然不同国家对其有不同的态度和做法（美国以研究生教育作为法学第一学位，德国、法国以本科生教育为其第一学位），但由于法律、法学具有强烈的实践性特征，各国均认为法学教育应当为职业教育，法学学术性人才之培养只是附带结果而非刻意之追求产物（是对之有兴趣、另行诸如 JM 和 JSD 教育之产物）[2]。

中国法学教育还有些混乱，法学第一学位既有专科教育、也有本科教育、更有可能是研究生教育[3]。不过，与其他很多法治国家类似，法学本科教育为第一学位仍然是主流，并以职业教育作为中国当下高等教育的重要组成部分；该法学本科教育将通识教育、专业理论教育和专业实践教育融为一体（从另一个角度看，却是将其混为一体），进而应当有法律、法学自己的特色（与高等教育其他专业之教学比较而言），申言之：

首先，基本背景和基本运作方式：在 2019-nCoV 疫情期间，

---

〔1〕 对法律、法治与法学教育关系的详细分析，请参见蒋志如：《法律职业与法学教育之张力问题研究——以美国为参照的思考》，法律出版社 2012 年版，第 49~70 页。

〔2〕 参见徐显明、郑永流主编：《六年制法学教育模式改革》，中国法制出版社 2009 年版，第 13~146 页；蒋志如：《试论法学院的法律职业人才和法学学术人才的培养》，载《河北法学》2016 年第 7 期；苏力：《法学本科教育的研究和思考》，载《比较法研究》1996 年第 2 期，第 160~167 页。

〔3〕 参见方流芳：《追问法学教育》，载《中国法学》2008 年第 6 期。

作为高等教育组成部分的法学教育，法学院学生和法科教师的关系与所有学生（包括中小学学生）及其老师间关系一样，同样处于严密的管制之下（他们所有的言行均服务于全国之防疫工作），该基本情况如下：

其一，法科学生、教师分散于全国各省各地区之各个家庭，而且也不能返回学校并聚集于教室这一实体的物理空间，只能远程通过互联网联系，通过微信平台、QQ 平台以及相关钉钉办公平台、超星上课平台等联系，并根据学校、教育部之要求，建立了课程 QQ 群或微信群，或在钉钉等办公平台建立课程群。

其二，在固定时间开展，亦即在既有课表之时间开展，相当于既有的课堂教学转变了表现方式，即在一个学生可以看见老师，但老师也可以看到个体学生的空间中进行（正如有人描绘的，老师成了网络主播），并通过在线回应（以聊天形式）的方式证明其在群、在听课、学习的状态[1]。

其三，采用的教学方式仍然延续既有方式，教师讲授知识，学生听。但由于没有亲临性（无法感受到学生学习的情况），进而有新因素加入，即学生在群里可以发言（或者对教师讲授的内容回应，或者就某个主题发表意见）。

就此而言，当下各个学校采用的教学模式与前述的慕课之运行模式有很大不同，前者仅仅是利用了慕课运行的基本条件，即互联网及其提供的相关平台，教师、学生、教学内容、讲课方式与传统课堂教学、教室教学别无二致。并且学生并不在现场，仅仅在家，其他同学、教师的在场仅仅是时间的共时而已，缺少学

---

〔1〕 在当下条件下，管理不严格有很多种表现方式：有的教师并未直播，而是在群里直接抛出问题，让学生讨论；有的教师采取直播方式，以原来课堂讲授的方式展开（从头至尾讲授法学知识和理论或者案例）。

校、教室特定空间、仪式带来的氛围和压力，学生之学习效果、教学质量必将有所下降[1]。

其次，根据法学教育之要义做其"加法"：法学教育的前述模式对既有的法学教育模式并无改变，更由于运行空间的改变，教学质量亦有下降之虞。我们应当根据既有条件（疫情之特殊语境），根据法学教育之规律作深入审视以提升法律教育质量，申言之：

其一，法学教育作为一种职业教育，不仅仅是学习法学知识、法学理论，更应当学习一种实践技能：作为教学对象的法学知识、法学理论，在疫情之下，自学是最好的方法，因为在网络课堂上仅仅是教师单方的知识讲解、理论串讲，在纯粹的知识和理论是枯燥的并且课堂缺乏纪律约束的语境下必将效果不彰。作为一种实践技能，它要求法科学生具备三种技能，阅读（文献、卷宗）能力、表达能力、练习和写作能力（不仅仅是法律文书写作技能，更是将阅读能力、表达能力书面化之能力，也是提出问题、分析问题和解决问题之能力的综合体现）[2]。

其二，法律实践技能之培养：既有的课堂法学教育缺乏对前述三种实践能力之培养，在按照既有方式进行远程教育、网络直播教学可能出现教学质量下降的语境下，我们可以修正慕课模式下的教学内容和课堂表现方式：①发放资料：包括已有的慕课课

---

〔1〕　对于中小学教学而言，这一网上教学方式对学生来说仍然有强制力，效果未必有多大的下降（但对于现在普遍没有自制力的学生来说，下降是必然的）。但对大学生而言，根据笔者对当代大学生的学习态度、行为方式的研究，这一教学模式之教学质量必定大幅下降，因为缺少内外条件的制约，参见蒋志如：《中国法学教育的双输?!》，载李琦主编：《厦门大学法律评论》（第 18 辑），厦门大学出版社 2010 年版。

〔2〕　参见何美欢：《论当代中国的普通法教育》，中国政法大学出版社 2005 年版；蒋志如：《评〈论当代中国的普通法教育〉》，载《清华法学》2010 年第 5 期；［德］托马斯·M. J. 默勒斯：《法律研习的方法：作业、考试与论文写作》（第 9 版），申柳华、杜志浩、马强伟译，北京大学出版社 2019 年版，第 35~36 页。

程资料、相关课程书籍的电子版、案例资料。学生通过阅读资料自学并思考相关问题，培养法科学生之阅读技能。②网络课堂上讨论：学生将阅读过的资料整理成观点，在课堂上现场发言，其他人点评，以获得更多思想碰撞，以最大化地巩固自学到的知识。这是对学生阅读能力培养的再巩固，也是锻炼其表达能力的过程。③写作能力：可以将网络课堂变成学术讨论的场合，确定某个主题，由特定的两个到三个学生担任主发言人，并撰写发言报告（在群里共享），其他同学点评，并由教师作最后总结。总而言之，在整个网络课堂期间，教师仍然居于主导地位，在学生积极参与下，确定主题、确定学习之进度、主导课堂进度，以积累阅读能力为基础，以培养表达能力为课堂的基本形式，写作能力的训练（网络学术讨论课）可以适时穿插。

最后，法学院、学校及其教育行政部门可以努力的地方：法学教育之展开，不仅仅是教师与学生共同努力之结果，更是法学院、高等学校和教育行政主管部门共同努力、支持之结果[1]。在疫情期间，在所有教师、学生均分散在全国各地并且活动空间以家为范围的远程教育、网络课堂语境下，法学院、学校等主体可以积极做好服务。针对前述分析，至少可以在如下方面做积极努力：

其一，开放学校电子资源。学校内外之教师、学生可以随时随地找到教学需要的资料，特别是相关阅读资料（包括应当阅读的专业书目、重要期刊文献和案例资料）。法学院与学校应当积极购买和争取相关资料以让教师、学生可以免费使用，否则的话，将出现"万事俱备只欠东风"的现象。

---

〔1〕　参见蒋志如：《美国大学、法学院与中国大学法学院——读〈耶鲁精神——感受耶鲁大学及其法学院〉》，载谢进杰主编：《中山大学法律评论》（第8卷·第1辑），法律出版社2010年版。

其二，积极优化、整合师资力量。前述法学之教学模式需要教师付出更多的时间、精力，如果由一名教师全面负责一门课程的话工作量巨大，在现有的高校考核机制下教师缺少积极努力之动力。这需要学校、法学院改变考核机制、整合师资力量，以优化师资在课程上的呈现效果。

五、结语

虽然在疫情期间，作为个体的我们被严格管制，但我们并非只能一味地被动接受、消极适应。在疫情持续时间特别长或者说具有不确定性的时期时，我们的各项工作不能彻底停顿，而应当积极挖掘在疫情之下可能的活动空间，为恢复生产、恢复基本、甚至正常的生活提供机会。就高等教育而言（特别是笔者关注的法学教育而言），应当积极探求既有教育体制、制度之基本经验，利用科技带来的先进手段，以探求法学教育在疫情期间、突发公共卫生事件期间展开之具体路径。根据前述，现可以总结如下：

首先，法学教育展开的具体背景：2019 年在武汉暴发的 2019-nCoV 的确让所有人都始料不及。但一旦确定为国家一级突发卫生公共事件后，基于 2003 年应对"非典"之经验，国家和地方政府均积极应对，并实行史上最严格的社会管理措施和最严格的隔离措施。这一系列措施导致的后果，对于普通人来说，他们的活动范围主要在于作为物理空间的家庭之中，尽量少外出、少聚会，出门只为购买基本生活需要物品。

其次，法学教育在疫情之下、在中国教育体制下、现有资源下可以利用的教学模式：通过考察传统课堂教学或教室教学、在线课堂（主要是翻转课堂和慕课等），结合 2019-nCoV 疫情这一特殊情势，可以利用的教学模式只能是慕课教学模式。但根据已经开始的教学来看两者仍然有较大差异，所以我们应当对慕课教学模式做出修正。

最后，由于法学教育的特殊性质（职业教育、实践性教育特征浓厚），通过审视中国既有法学教育之缺陷，我们在修正既有慕课模式后不仅不会降低法学教育质量，还有可能提升既有法学教育质量，除了通常高等教育应当具备之条件外，还应当在如下方面努力：①教学资料（特别是电子版的教学资料）的免费提供，②师资力量之整合，③教学方法之改进：学生自学（阅读教学资料，获得阅读能力、思考能力）、网络课堂上的讨论（主要是学生发言讨论相关主题）、小型的学术讨论课。一言以蔽之：在整个网络课堂期间，教师仍然居于主导地位，在学生积极参与下，以积累阅读能力为基础，以培养表达能力为网络课堂的基本形式，写作能力的训练（网络学术讨论课）可以适时穿插。

总而言之，虽然高等教育（包括法学教育）有诸多问题，甚至有的学者还认为大学应当终结，但是，在笔者看来，高等教育（特别是大学本科教育）是，也将一直是一名现代公民人生中成长、社会化的重要阶段，不可能取消，也不可能被其他教育模式取代（如在线教育中的慕课）。不过，在线教育、翻转课堂、慕课等已成为（高等）教育的重要组成部分——它们与学校中的高等教育鼎足而立。

在疫情之中（其实不仅仅是这次疫情，也应当包括将来之疫情，因为突发性公共卫生事件并没有预告何时到来、持续多长时间），我们可以努力做得更好，以保障教学质量、提升教学效果，令大学生顺利毕业，成为社会有用人才。

刑事一体化视野下刑事法学教育的优化

◎屈　新　杜　凯*

摘　要：完整的刑事法学知识体系应当包括刑法学、刑事诉讼法学、证据法学、犯罪学、刑事政策学、刑事执行法学等内容。刑事一体化的思想符合刑事法学的学科发展规律。刑事犯罪与刑事司法的特殊性要求刑事一体化视角下的刑事法学教育以素质教育为基本定位，以培养应用型法律人才为根本目标。本文在指导思想、课程设计、教学方法、教师队伍建设、评价制度等方面进行了探讨并提出了刑事法学教育的优化建议。

关键词：刑事一体化　刑事法学教育优化　人才培养

---

*　屈新，中国政法大学刑事司法学院教授。杜凯，中国政法大学刑事司法学院硕士研究生。

从 20 世纪 80 年代储槐植教授提出刑事一体化思想到现在，刑事一体化已经发展成为将刑事法学学科群，包括刑法学、刑事诉讼法学、犯罪学、刑事政策学、刑事执行法学等，有机联系起来进行研究的理念和方法，并在立法、司法、科研教学活动中焕发出勃勃生机。[1] 在法学教育领域，刑事一体化思想也对传统的刑事法学教育提出了新的要求。当前，全国范围内已有众多法学院校积极倡导"刑事一体化"教育教学模式，改革模式以刑事各学科的独立性为基础，注重刑事法各学科之间的互相联系、互相融合。

随着中国特色社会主义建设进入新时代，推进中国特色社会主义法治社会建设，为全面依法治国培养合格的法治人才成为法学教育重要任务。习近平总书记也高度重视法治人才培养，并在 2017 年访问中国政法大学时强调法治人才培养对于全面依法治国的重大作用，更针对当前高校法学教育存在的问题与不足，提出了加强法治理论研究、完善法学学科体系建设、强化实践教学与法律职业伦理教育等多方面的发展要求。这与刑事一体化对刑事法学教育的要求相契合。本文将立足我国高等院校刑事法学教育的实际情况及我国法治人才的培养目标，对刑事法学教育同刑事一体化思想融合进行优化探索。

---

〔1〕 参见张建升：《"刑事一体化：理论与实践"研讨会在京召开》，载正义网：http：//news. jcrb. com/jxsw/201712/t20171221_1827217. html，最后访问日期：2020 年 10 月 4 日。

一、新时代刑事一体化对刑事法学教育的迫切要求

（一）刑事一体化视野下的刑事法学教育

1. 刑事法学教育[1]

法学教育是传播法律知识、培养法律人才、弘扬法治精神，推进我国民主法治化进程的重要途径，而刑事法学教育则是其中的重要组成部分。刑事法学教育指的是与犯罪、刑事责任、刑罚有关学科的教育，其中既包括刑事实体法也包括刑事程序法。[2]改革开放以后，在众多法学教育工作者的努力下，刑法学、刑事诉讼法学与法理学、法史学、宪法、民法、民事诉讼法等一同构成了本科法学教育的核心课程，并在教学内容、教材建设方面取得较大发展。同时，与刑法有关的犯罪学、青少年法学等课程逐渐被关注。[3] 20 世纪 90 年代以后，在各普通高等院校中，"刑事司法"开始成为一个独立的专业，各大高校的法学院也不同程度地加强刑事法学专业建设及科研投入，积极推进刑事法学的教学改革和发展。

21 世纪以来我国刑事法学教育在学科建设、科研成果、人才培养等方面取得了令人瞩目的成绩，与此同时，刑事法学也在理论和实践层面取得了巨大的成就。然而当代法律人所做的这些努

---

〔1〕　当前我国刑事法学教育已经形成了多元化、多层次的教育体系，既有普通高等院校的刑事法学教育，也有专门针对警察、检察官、法官系统内的职业教育；既有从大专、学士到硕士、博士研究生的学历教育，也有从中央到地方的刑事司法职业培训。本文所讨论的刑事法学教育仅指普通高等院校的刑事法学教育，不包括警察警官学院、政法干部院校、检察官学院、法官学院等专门院校的刑事法学教育。

〔2〕　张文、马家福：《我国刑事科学的学科结构研究——兼论刑事一体化》，载《北京大学学报（哲学社会科学版）》2003 年第 5 期。

〔3〕　苏力：《法学本科教育的研究和思考》，载《比较法研究》1996 年第 2 期，第 152 页。

力远远不是终点。这些理论成果和实践经验需要通过法学教育来传递到我们下一代刑事法律人才的身上，使他们能够站在前人的肩膀上更好地推动中国法治事业的发展。进入中国特色社会主义建设的新阶段，国家和社会对于刑事法律人才的要求也发生了变化，刑事法律教育要在时代的大背景下融合最新的理论和实践经验开展教学。刑事一体化思维是经过时间检验的关于刑事法律的科学思维理念，现代刑事法律教育需要在这一思维的指引下对传统教育模式进行不断优化，以培养出适合时代需要的刑事法律人才。

2. 刑事一体化

刑事一体化思想最早可追溯到德国，以李斯特为代表的实证法学派为了克服刑事古典学派的教条主义研究方法，大力倡导刑法的刑事政策化，并于 19 世纪 80 年代提出建立"整体刑法学"。从一体化的角度来看，整体刑法学仍然是以刑法为中心。1989 年，储槐植教授在《建立刑事一体化思想》一文中首次提出"刑事一体化"的命题，并对这一命题的内涵进行界定："刑事一体化的内涵是刑法内部结构合理（内部协调）与刑法运行前后制约（外部协调）"[1]。1991 年储槐植教授在《刑法研究的思路》一文中对作为法学研究方法的刑事一体化进行了论述。主张突破注释刑法学的狭隘学术藩篱，对刑法研究做时间与空间的拓展，以一种多方位的立体思维，在刑法之中、刑法之外和刑法之上对刑法做全新的研究。刑事一体化这一命题从提出发展到现在已经取得了学界的广泛认同，但是对其进行深入落实还有很长的路要走。

----

〔1〕 参见储槐植、闫雨：《刑事一体化践行》，载《中国法学》2013 年第 2 期。

对刑事一体化这一命题的理解需要从两个方面来进行，一方面是观念层面的刑事一体化，这与形势政策密切相连；另一方面是法学方法论上的刑事一体化，即从不同的角度来研究刑法。犯罪与刑罚是刑法研究的起点和归宿这一点是不能背离的，但仅仅局限于这一点的话刑法是不能长久发展的。刑法应该是一个动态的运行体系，从其内部而言，除了犯罪与刑罚之外还要关注为了正确实施刑法而制定的刑事诉讼法；从其外部而言，刑法运行的逻辑起点是犯罪，运行的终点是刑罚的执行，而这三者形成一个逻辑闭环相互影响。与此同时，刑法的运行还受到其所处的社会大背景、大环境等种种客观条件的制约。简而言之，刑事一体化是将与刑法密切相关的学科联系起来进行研究的一种方法，只有从这些不同的角度出发对刑法进行研究，才能跳脱出就刑法论刑法的视角，推动该学科的长久发展。

刑事一体化主张治理犯罪的相关事项应该融通为一个整体，既注重刑事各学科的独立性，又要强调刑事法各学科彼此照应、融合的整体性。[1] 因此，刑事一体化模式下的学科建设注重不同学科的知识融通，重视批判性思维、社会调查方法、数理统计等多种研究方法在教学中的应用。但同时需要注意以下几个问题：其一，刑事法学学科建设上的一体化是观念方法而不是研究对象，重点是要加强相关的整合；其二，刑事一体化过程中要加强理论与实践的一体化；其三，应当加强传统刑事法理论与面向未来的刑事法的一体化研究。刑事一体化思维和研究方法的贯彻，在很大程度上需要刑事法学教育发展。而传统的刑事法学教

---

〔1〕 参见张建升：《"刑事一体化：理论与实践"研讨会在京召开》，载正义网：http：//news. jcrb. com/jxsw/201712/t20171221_1827217. html，最后访问日期：2020 年 10 月 4 日。

育在目前社会大发展、大变革的背景下存在着一些问题，刑事一体化的进一步深入对刑事法学教育提出了新要求。

（二）新时代刑事法学教育的新要求

虽然我国从提出刑事一体化概念至今已经有三十多个年头，但是这一理念很大程度上仍旧只停留在学界观念层面上的认同，实现在理论研究和司法实践中贯彻这一理念的目标依旧任重而道远。刑事法学教育是贯彻刑事一体化任务的重要承担者，刑事一体化的深入推进也对刑事法学教育提出了新的要求。

首先，刑事一体化要求从内外运行协调，旨在构建一种结构合理和机制顺畅（即刑法和刑法运作内外协调）的实践刑法形态。[1] 反映在教学理念上就需要刑事法学教育摒弃掉以往那种就刑法而言的旧思想，打破刑法学科自我构筑的高墙，加强刑法与刑事诉讼法、犯罪学、刑事政策学等相关的学科的沟通，从整体的角度和动态的方向进行刑事法学知识的传授。

其次，刑事一体化关注刑法的动态运行，对于刑事法学教育的课程设计也提出了新的要求。课程设计方面，在注重理论知识传授的基础上，注重相关学科知识和思维的输入，包括刑事诉讼法、犯罪学、侦查学等学科。同时，要突破以往的课程模式，设计多样的教学方法，让学生感受刑法在司法实践中的实际运行过程，更好地理解刑事法学不是一个孤立、封闭的系统，对其学习需要从不同维度来展开。对于新兴的工具和技术也要积极利用来辅助教学；对于新出现的交叉学科领域也应引入，拓宽同学们学习刑法的视角；引导同学们将传统刑事法学理论同最新理论成果相结合，培养同学们的创新能力。

---

〔1〕 储槐植：《刑事一体化论要》，北京大学出版社 2007 年版，第 21 页。

再次，教师是刑事法学教育发展的重要主体，刑事一体化的深入对教师队伍建设方面也提出了新的要求，一方面在思想理念上教师要转变以往对自身的定位，要转变以往的单方面灌输理论知识的观念。另一方面需要教师树立刑事一体化思维，提高自身关于刑事法学的知识储备。

最后，刑事一体化下的评价机制也需要优化，要突破以往的唯分数论。不同的教学模式对于学生能力的培养目标是不同的，相应的考核方式也应该有不同的模式，不能采用不分理论教学和实践教学"一刀切"的书面考试。要在传统分数考核的基础上引入多元思维评价，以引导和推动学生的发展。

二、现阶段刑事法学教育亟需优化

刑事一体化理念对高校刑事法学教育的改革和优化提出了新的更高的要求，而现阶段刑事法学教育缺所存在的一些问题成为改革路上需要克服的阻力，对于问题的廓清将有助于我们更好地向前发展。本部分笔者将从刑事法学教育入手并结合新时代新要求，剖析其发展至今存在的一些问题，并对其改革优化的可能性进行分析，以期能够对其优化探索出一条道路。

（一）刑事法学教育存在的问题

1. 刑事法学教育的发展现状

自 20 世纪 90 年代刑事法学独立出来，各高校开始设立刑事法学专业开始，我国的刑事法学教育开始快速发展起来。传统刑事法学教育体系包含内容丰富，首先，从课程体系设置上，根据《中国法学教育状况》的调查，目前各高校的课程内容都包括三大类，必修学分、选修学分和实践学分，各大院校法学本科的核心刑事法学课程一般包括"刑法""刑事诉讼法学""证据法学";在法学硕士和博士研究生教育阶段,一般设有刑法学(包括中国刑法、外国刑法、刑事政策、犯罪学、刑事执行法等方向)、刑事诉讼法学、刑事侦查学、证据法学等专业。[1] 在这些课程内容中课堂教学的比例占了大多数,实践教学仅占比 10% 左右。教学方法以传统的课堂讲授为主,重视理论知识的输入,以法律条文和课本教材为主体,采用教师输出、学生接受的教学模式。虽然近年来实践性教学也被纳入到课程体系里面,但是总体而言,学分和学时占比较少,再加上教育设施如实践基地、实践资金不到位等问题,教育实践效果也没能达到预期。

其次,在教育理念与培养目标方面,早在 1981 年政法工作座谈会上我们就提出要"培养德智体美劳全面发展的、坚持四项基本原则、具有系统法学理论知识和实践能力、能够胜任法律事务的专门合格人才"[2]。这是我们最初的法律人才培养目标,但是根据《中国法学教育状况》对 58 所卓越法律人才培养基地的培养方案进行分析可以得出如下的特征:各高校的法学教育根本属性定位不明确;人才培养目标不鲜明;修习年限差异较大。[3]这也是我国刑事法律教育目前的状况。在培养理念上,由于我国法学在改革开放之后才重新复兴,法律制度不完善,理论研究开始较晚。因此,在刑事法学成为独立的学科之后,对理论研究方

---

〔1〕 参见熊秋红:《刑事司法教育的现状与未来发展》,载《人民检察》2009 年第 21 期。

〔2〕 赵贵龙、刘来双:《中美法学教育模式的比较与展望》,载北大法宝:https://www.pkulaw.com/specialtopic/640a557823b9e1cfaead1ed92fa630a5bdfb.html,最后访问日期:2020 年 11 月 2 日。

〔3〕 参见黄进主编:《中国法学教育状况(2015)》,中国政法大学出版社 2017年版,第 49~50 页。

面尤为重视，集中在对于外国法律的引入和我国法律体系的完善，反映在刑事法学教育领域，也是对学生进行理论方面的研究和法律对策探索，教育理念重刑事理论方面的研究而轻司法实践。

最后，在刑事法学领域各个学科之间的理论研究彼此独立进行，只是局限于学科内部，对于刑事法学之外和刑事法学之上的研究涉及甚少，与相关学科和整体的环境国情联系较少。在教育实践中刑事法学下的各个学科也是彼此之间联系较少，同时各个专业的学生有各自的培养方案。这些培养方案以本专业内容为主，也有一些其他的选修课程。但由于不同学校的师资力量和教育资源不同，导致教育质量参差不齐，也没有形成一套统一适用的制度。同时，选修课本身的设置也存在一些问题，使得其所起的作用也非常有限。总体来看，刑事法学领域彼此孤立的研究传导和反映到教学领域，导致刑事法学领域下各个学科的学生对刑事领域的学习也是分裂的，没有形成一个整体的观念和联系的思维。

传统的这套刑事法学课程从成立、完善、发展至今，有其存在的合理性和价值性。在这套课程体系下也培养出了很多优秀的刑事法律人才，为我国刑事司法理论与实践的发展做出了巨大贡献。但是这个过程中刑事实体法与刑事程序法交流甚少，其专业下的学生也各自在自己的独立体系中分别培养。这固然有利于各自学科在更深程度上的发展，但在很大程度上造成了刑事法律体系的割裂，使得培养出来的人才很难适应复杂的司法实践。

2. 存在的问题

（1）教育理念不能及时更新和落实。建设中国特色社会主义法治体系，刑事法学教育深深地镶嵌在这一大背景和目标之中。十八届四中全会也提出要进行专门法治队伍的建设，刑事法学教育更是要以这一大背景为前提。以往所坚持的培养目标已经不能适应时代的发展，需要及时进行更新和落实。众多高校对于人才培养的模糊概念也急需明确。著名教育家迈耶先生说："我们应该教授学生如何思考，而不是教授他们思考什么。"[1] 这不仅是学院派的意见，任何一位法律人都会同意，无论他是法学研究者还是司法实务工作者。传统的刑事法律教育所注重的书本和课堂理论知识的教授，仅局限于本学科的理论探讨与传播，这导致学生分析问题、解决问题能力的培养被忽视。而且学生只能从一个扁平的视角来学习刑事法学，失去了在司法实践中直观感受以及从其他学科的角度来整体研究刑事法学的机会。以往这种重理论轻实践、重视本学科忽视交叉学科的理念要予以改变。教育理念指导着教育实践的改革和发展，我们从刑事法学教育发展至今得出的一个重要经验是我们的教育理念所设立的目标往往被架空，不能得到切实的落实；落后的教育理念也经常不能更新，固守着旧的思维，这是我们进行刑事法学教育改革所需要认识到的。

（2）教育主体定位不清。传统的刑事法学教育以教师"传道""授业""解惑"为主，这种模式是完全以教师为中心主体进行构建的，忽略了学生的主动性和创造力。高质量的学习应当是主动积极获取的一个过程，传统教育模式却将其变成了单方面灌输的一个过程。一种比较典型的观点认为教育者和受教育者之间互为主客体。从施教过程来看，教育者是主体，受教育者是客

---

〔1〕 转引自李英：《高校法学教育教学方法的反思与抉择》，载《教育与职业》2009 年第 20 期。

体。从受教过程来看，受教育者是接受教育的主体，教育者则是接受的客体，双方的影响作用是双向的，分别构成互为主客体的两个认识活动循环圈。[1] 刑事法学教育更是如此，法律条文本就是枯燥无味的，如果一味地将这些理论和规定单方面灌输给学生，那么其效果必定是适得其反。同时，我们需要实用性、创新型法律人才，传统法学教育一味强调老师的主体地位，忽视了学生的角色，学生的创新性和好奇心也难以得到培养。传统刑事法学教育对于教育主体定位不清，导致教育的根本目的也难以实现。

（3）教育实践配套设置不完善。法律是一门实践的学科，其最终是要进入社会服务人民大众的，而传统的刑事法学教育由于相关的配套设置不是很完善，导致最终的教育实践结果也不是很理想。首先，教学内容和手段设置不合理。传统刑事法学教育的内容局限于理论知识的传授，课程设置方面忽略了实践教学，即使有所设置，其所占学分和课时的比例也不是很高，教学内容设置得不合理是传统刑事法学教育的一个重大问题；其次，教学手段单一。现代科技网络迅速发展，很多传统教学还是囿于课堂讲授。不可否认基础知识的传授是非常重要的，是构建我们刑事法学大厦的基石，但是它的教学手段不应该是单一的，也不应该是只局限于本学科本专业的；最后，配套的教学资源不到位。法学不是一门纯理论专业，教育中的实践性教学也是必不可少的，但是各种实践方式，诸如法律诊所、实践基地等配套资源仍然不到位，这导致实践性教学在刑事法律教育过程中一直是一个短板。以上的这些因素也导致了我们所培养的法律人才和市场所需要的

---

[1] 陈秉公：《思想政治教育学原理》，辽宁人民出版社 2000 年版，第 1 页。

难以匹配，这种供需的错位现象恰恰是传统法学改革中所需要反思的。

（二）刑事法学教育优化的可能性

传统的刑事法学教育以《刑法学》《刑事诉讼法学》《证据法学》为核心，构建了三门课程独立的课程体系，此种教学模式的好处在于教师可以从拓展所授科目的知识深度，确保学生掌握知识重难点，但与此同时，由于各门课程相对割裂，学生无法体系性地掌握刑事法学知识和思维、全局性意识不足，难以做到全面思考、综合运用所学刑事法学知识解决复杂多变的刑事实务问题。换而言之，当前刑事司法实践对刑事法学知识整体性把握的要求与刑事法学教育教学的孤立性产生矛盾。

"科学是内在的整体，它被分解为单独的整体不是取决于事物的本身，而是取决于人类认识能力的局限性。"[1] 刑事一体化教学模式就是要回归事物的内在整体性，培养学生以综合性的思维和视角来分析问题。当然这些方法论的使用必须以刑事基本理论为基础，刑事一体化模式在注重学生基础刑事法学知识掌握的同时，更重要的是培养学生学习方法的掌握和学习能力的养成。真实的法律世界是复杂的，每一个案件所涉及的都不仅仅是纯粹的实体问题或程序问题，而是各种问题的相互交织。传统法学教育下只单纯地学习实体法或程序法，而不能将二者融会贯通，是不能适应司法实践的需要的，但这些是可以通过刑事法学教育的改革得到解决的。刑事一体化教育模式下尽可能地通过案例教学、模拟法庭、法律诊所等实践课程使学生切实了解到刑事法各

---

〔1〕 转引自李光:《关于科学学理论与实践的几个关系问题》，载《科学学与科学技术理论》1997 年第 5 期，第 44~46 页。

学科之间不是孤立的，而是要将他们融会贯通才能解决司法实践问题。同时，随着互联网技术的成熟和大规模应用，互联网几乎可以与任何领域相结合，刑事一体化教育模式的改革也可以借助互联网、大数据、人工智能等现代化工具优化教学内容，创新教学模式，提升教学效果。

通过和刑事一体化教学模式相比较（见表 1），我们可以进一步发现刑事法学教育改革优化的可能性。

表 1 传统教学模式和刑事一体化教学模式比较

	传统教学模式	刑事一体化教学模式
指导思想	学科独立，以理论传授为主。	刑事一体化、跨学科、理论与实践结合。
课程设置	必修课以刑法学、刑事诉讼法学、证据法学为主，辅以犯罪学、监狱学、刑事政策学等选修课。	必修课以刑法学、刑事诉讼法学、证据法学为主，辅以犯罪学、监狱学、刑事政策学等选修课。
教学方法	以传统的课堂教学方式为主；重视知识教学。	尽可能增设案例教学、模拟法庭、法律诊所等实践课程；提高互联网等教学工具的应用；重视学习方法和学习能力的培养。
教学效果	掌握相对扎实的理论知识；培养严谨的学术钻研精神。	建立起相对完善的学科体系；具备较强的解决实际法律问题的能力。

实践中的成功经验也表明刑事一体化下的刑事法学教育的优化是可能的。刑事一体化是对刑事司法规律的科学总结，随着刑事法学的不断发展，这一理念也越来越被广泛地接受。当前，全

国范围内已有众多法学院校积极倡导"刑事一体化"教育教学模式。以中国政法大学刑事司法学院为例，自2018年汪海燕教授出任院长以来，积极推进刑法学研究所、刑事诉讼法学研究所、侦查学研究所、犯罪学研究所、网络法学研究所之间的融通交流，定期举办蓟门一体化刑事法讲堂、"法大刑事一体化"学术沙龙，旨在打破传统教育模式下刑事法学知识间的孤立状态，实现刑法学、刑事诉讼法学、犯罪学、监察学等不同方向专业知识的深度融合，构建"刑事一体化"教育教学模式。这种教学模式的构建与我国培养高素质、应用型、复合型法律人才的目标相契合，是未来法律教育改革的发展方向。

三、刑事法学教育的优化

（一）指导思想

"刑事一体化源于哲学'普遍联系'的规律，是该规律在刑事法领域的具体运用和延伸，其功用在于提示一种刑法学研究的方向与方法。"刑事一体化是指刑法和刑法运行内外协调，即刑法内部结构合理（横向协调）与刑法运行前后制约（纵向协调）。[1] 储槐植教授这里所谈到的刑法概念涵盖了刑事实体法和程序法。因而，推进刑事一体化的内部协调就是要求理顺刑法和刑事诉讼法之间的关系；外部协调即理论犯罪状态与行刑效果对刑法影响的关系。推进刑事一体化要求刑事法体系内的各个学科进行相互交流，各学科不能封闭起来，关起门来自己研究。要打破各学科之间的隔膜，整合各学科优势，以整体性的思维来分析刑事司法问题，将刑事法学构建成一个全面的、开放的、动态的体系。

---

〔1〕　储槐植：《刑事一体化》，法律出版社2004年版，第187页。

2018 年教育部发布了《本科法学专业教学质量国家标准》（以下简称《标准》），《标准》从培养目标、课程体系、教学规范等不同方面对法学学科教育提出了要求。其中《标准》对于法学培养人才的目标是"培养德才兼备、具有扎实的专业理论基础和熟练的职业技能、合理的知识结构，具备依法执政科学立法、依法行政、公正司法、高效高质量法律服务能力与创新创业能力，熟悉和坚持中国特色社会主义法治体系的复合型、应用型、创新型法治人才及后备力量。"刑事法学教育作为法学教育的重要组成部分，在全面依法治国、高等法学教育教学改革深入推进的大背景下，应当坚持"以全面实施素质教育为主题，以提高法律人才培养质量为核心。"[1] 此外，刑事犯罪与刑事司法的特殊性要求刑事法学教育培养出具有刑事整体思维、全面掌握刑事法学知识的应用型、复合型法律人才。故此，刑事一体化视角下的刑事法学教育应当以素质教育为基本定位，以培养复合型、应用型、创新型法律人才为根本目标。

理想的法学教育还应当包括学习能力的培育。一是培养学生终身学习的思维。法学知识的渊博，对任何法律人而言，都是终其一生也无法学完的。因此法学教育的任务不是将尽可能多的知识传授给学生，而是要让他们养成终身自学的意识。如朱苏力教授所言，法学院的目标应该是使毕业生"能够在无须课堂教授的情况下也能依靠自身的通过法学教育培养起来的素质和基本知识

---

〔1〕 教育部、中央政法委员会于 2011 年联合启动实施卓越法律人才教育培养计划，并专门发布了《教育部 中央政法委员会关于实施卓越法律人才教育培养计划的若干意见》，提出"以全面实施素质教育为主题，以提高法律人才培养质量为核心"，载中华人民共和国教育部官网：http://www.moe.gov.cn/srcsite/A08/moe_739/s6550/201112/t20111223_168354.html，最后访问日期：2020 年 11 月 2 日。

迅速理解和运用新法律"[1]。二是引导学生发现并使用适合自己的、有效的学习方法。良好的学习方法能帮助学生了解自身的能力范围、理解程度，注意时间和精力的分配，纠正学习上的失误，掌握有效学习方法的学生更容易获得成功。三是对于问题意识和创新能力的培养。问题意识是现代法学生所必须具备的一项素质，在掌握基础理论的基础上，对于问题保持高度的敏感性。陈瑞华教授曾说过："反常之处必有理论的发源地。"对于问题的发现是理论创新的前提，刑事一体化的教育改革要培养学生的问题意识、思辨能力，进而引导学生进行创新。

（二）课程设计

"课程是在一定学校的培养目标指引下，由具体的育人目标、学习内容及学习活动方式组成的，具有多层组织结构和育人计划性能、育人信息载体性能的，用以指导学校教育、教学活动的育人方案，是学校教育活动的一个重要组成部分。"[2] 综合课程则是课程的一种，"是将具有内在逻辑关系或价值关联的原有分科课程内容以及其他形式的课程内容统整在一起的，旨在消除各类知识之间的界限。使学生形成关于世界的整体认识和全新观念，并养成深刻理解和灵活运用知识解决实际问题能力的一种课程模式。"[3] 刑事一体化教育改革的课程设计就是建立在这种综合课程之上，以培养应用型、复合型、创新型人才。

司法办案活动历来都是融实体与程序、法律与政策、事实证据与法律适用，也包括犯罪学与刑法学等为一体的活动，是其客

---

〔1〕　何美欢：《理想的专业法学教育》，载《清华法学》2006 年第 3 期。

〔2〕　廖哲勋、田慧生主编：《课程新论》，教育科学出版社 2003 年版，第 43 页。

〔3〕　有宝华：《综合课程论》，上海教育出版社 2002 年版，第 25 页。

观规律、本质特征。因此,其必然要求法官在审理或者审查案件的时候,必须本着刑事案件涉及的各方面融合为一体这样一种观念为指引,追求刑事诉讼或司法办案的理想境界、最佳效果。[1]而这种刑事理念是要从最初在法学院的学习中由老师进行培养和构建的。

在研究刑事个案时,以往的分析主要集中在犯罪构成和具体执行何种刑罚两个方面,但实际上,一个刑事案件涉及和反映的问题很多,要系统分析和准确判断具体刑事案由,只知道这两个方面是远远不够的,还需要从动态的视角研究犯罪的前因后果,即犯罪产生的原因(犯罪学)和对罪犯如何正确地执行刑罚的问题(监狱学)。[2] 除此之外,对于犯罪行为的处罚需要遵循一定的程序,这些刑事程序中也包含着一系列的价值和追求,只有将刑事实体法和刑事程序法结合起来教学,才能使学生更好地理解和掌握刑事法学。刑事法学所研究的一切从根本上都指向了人这个主体,刑事法学教育需要一种代入感和人文关怀,唯有如此才能理解刑事法学这个体系,培养出合格的刑事法律人才。

笔者试图探索一条以刑事法学案例研习为手段,打通各门课程之间的壁垒,实现刑事法学教育一体化的刑事法学教学路径(如表 2)。

---

〔1〕 参见张建升:《"刑事一体化:理论与实践"研讨会在京召开》,载正义网:http://news.jcrb.com/jxsw/201712/t20171221_1827217.html,最后访问日期:2020 年10 月4 日。

〔2〕 参见刘晓英:《刑事一体化视角下刑事法学综合课程的开设》,首都师范大学2007 年硕士学位论文。

表2　刑事法学案例研习三阶段

	第一阶段 课堂案例教学	第二阶段 情景模拟式教学	第三阶段 社会实践教学
案例来源	司法机关指导案例结合教学内容改编案例。	以真实经典案例为主。	真实案例，让学生直接面对当事人，参与解决法律问题。
教学目标	掌握基础知识	灵活运用理论	理论与实践相结合
教学计划	利用总课时的二分之一进行基础理论知识的讲授，辅之案例理解吸收。基础理论包含刑事法学下的不同相关学科内容。	利用总课时的四分之一进行模拟法庭、观看庭审直播等形式进行理论实践结合的讲授，并进行基础法律文书等技能的教授。	利用总课时的四分之一进行法律诊所、司法实践等形式的学习，使学生亲自参与实践问题的处理。
三个阶段融会贯通	三个阶段的教学可以安排在不同学期顺次进行，采用不同的评价方式，使同学在不同的阶段对自身所学有更深一步的理解和掌握，同时逐步学会将理论和实践相结合，掌握一定基础的司法实践技能，真正培养出应用型、创新型、复合型人才。		

（三）教学方法

教授知识最有效的方法是讲课。在学生掌握一定的刑事技能后，通过讲课的方法使学生在最短的时间内得到最大量的知识。但是学生将老师所讲的知识经过他本身的释义建构入大脑的过程存在保留错误知识的风险，为保证学生所学知识的正确性，可增加课后的小组讨论和辅导，对学生的理解进行查核纠正。

技能培育的唯一方法是练习，即让学生在教师介入的情况下不断地练习。想让学生理解文本，就先让他表述出（口头或书面）他理解的是什么；想让学生学会适用法律，就要给他一些虚构的案情，让他寻找可适用的法律并加以解决；想让学生懂得评价法律，不能告诉他老师或其他学者的评价，这只是灌输评论知识，必须让他从文本中自己发现材料之间的联系，自己做出推断、释义和评价等。[1] 教师实时参与上述练习对教育资源提出了极高的要求，一方面，练习的最佳方式是小组教学而非大班教学；另一方面，练习对老师本身的能力要求极高，教师必须具备深厚的理论底蕴和丰富的实务经验。

刑事一体化的研究在理论上的发展应当渗透和应用到法学教育当中，以实现法学教育的目标。因此，在进行理论知识教育的基础之上还要注意与司法实践相结合。理论知识的教育有其局限性，正如美国法哲学家博登海默所说的："如果一个人只是一个法律的工匠，只知道审判程序之规程和精通实在法的专门规则，那么他的确不能成为第一流的法律工作者。"[2] 因此在传统的课堂理论知识传授之外可以增加案例教学方式，案例教学为世界很多国家的法学教育所采用，可以在很大程度上打通理论和实践之间的联系；模拟法庭教学能够使得学生亲自参与到案件的审理过程中，真实地体会到法律在司法实践中的适用。法律诊所教学模式是刑事一体化教育改革的有益探索，以中国政法大学为例，其在本科教育阶段专门开设了刑事法律诊所，在老师的带领下学生尝试接触当事人，进入真实的法律世界，真正地实现学以致用。

我们所处的世界是被互联网和大数据包围的世界，刑事一体化的教学方式应充分利用这些科技优势。如可以远程观摩庭审直播，让学生充分了解在司法实践中法律程序的运行，认识到刑事

[1] 参见何美欢：《理想的专业法学教育》，载《清华法学》2006 年第 3 期。
[2] ［美］E. 博登海默：《法理学：法律哲学与法律方法》，邓正来译，中国政法大学出版社 2004 年版，第 531 页。

实体和刑事程序是一体的而不是完全割裂毫无联系的；利用人工智能和大数据更加高效合理地设计教学计划和内容，对于教学中薄弱的环节及时进行调整；利用虚拟现实技术创设虚拟的案件和法庭审理环境，让学生分角色扮演不同诉讼主体，体会实体和程序对不同主体的意义，以更好地学习和理解刑事法学。这些新技术的利用，一方面是在推进刑事一体化进程中的时代的助力；另一方面也有益于更好地实现刑事教育改革目标。

（四）教师队伍建设

教师是教育活动中的重要一环，刑事一体化下的刑事法学教育优化也得从教师抓起。我国著名法学教育家孙晓楼教授曾提出，法学教授必须具备四个条件：须有高深的学问；须有教授的经验；须以教育为职业；须有高尚的人品。对于刑事一体化的教学而言需要老师除了对本专业的学问有精深的掌握外，还要对相关学科保持关注，要具备联系的眼光研究刑事法学的一体化思维。除此之外老师还需具备丰富的法律实践经验，熟悉刑事案件的司法实践运行。这样才能在深化刑事一体化思维的过程中完成教育任务。

刑事一体化下的教学要求老师一方面需要重新审视自身和学生的关系，老师更应当扮演的是一个引导的角色，启发学生进行思考和探究，尤其是在实践的课程教学中，要以学生为中心进行引导学习。另一方面需要思考如何将相关学科的视角和思维优势引入刑事法学的教育中来。这就需要重新建构老师之间、老师和学生之间的关系。早在 20 世纪 30 年代，美国开创了教师合作的先河，使"协同教学"正式成为一种计划教学形式。[1] 所谓的协同教学是指由两名或两名以上的教师及若干助理人员共同组成教学团队，在一个或者数个课程主题中以合作的方式帮助学生掌握有效学习的教学组织形式。[2] 我们可以将这种协同教学模式引入到刑事法学教育中来，同一院系下不同研究所的老师可以就同一门课程进行合作讲授，或者校内老师同校外聘请的实务人员合作讲授同一门课程，这样一方面有利于教学资源的整合，减轻了教师的任务压力；另一方面有利于不同学科理论的碰撞和融合，学生可以从不同角度、不同思维方式对同一主题进行学习，有利于深化刑事一体化思维的教学改革。同时，协同教学模式还注重师生之间的交流，是一种互动型、对话型教学，改变以往教师单向灌输的教学方式，引导学生主动思考，有利于学生创新能力的培养。以中国政法大学为例，刑事司法学院的一些课程就由两个老师共同开设，这是对协同教学模式的探索，但是不足的地方在于这种协同教学仅限于同一研究所下开设的课程和老师进行合作，还是没有突破学科之间的壁垒。但是这种探索为我们的教育方式优化提供了很好的思路。

换岗实践，着力推进培训师资专家化，加强双向培训。高校教师具备深厚的理论功底，但毕竟与一线司法工作实践有一定的距离，对一些具体问题的把握可能还存在欠缺，这些方面能力的欠缺必然会影响学生在刑事一体化方面的能力培养。因此，为了

---

〔1〕 黄永和、庄淑琴：《"协同教学"的回顾与展望》，载《教育研究月刊》2004年第 1 期。

〔2〕 李杨：《知识产权专业的"双师协同"教学团队建设》，载夏锦文主编：《法学教育评论·第三辑：新时代的高素质法治人才培养》，法律出版社 2019 年版，第213 页。

使在校学生更好地理解和把握司法实践的客观环境，可以聘请有经验的法官、检察官、律师与学校专任教师开展课程应用导向教学改革，承担相应的教学任务，从理论上、实践上解决司法实践中的难点、热点问题，更好地指导学生实训。另外，高校教师在进行理论研究的时候也要着眼于法律实践，加强司法实践的参与度，如可以以兼职律师的身份参与案例的办理，既可以缓解司法实践中法律人才不足的问题，同时也可以实现理论与实践的互动，将刑事一体化思维更好地传授给学生。

（五）评价制度

教学评价的目的是发现教学效果与教学目标之间的差距，是教学活动中的必要环节。传统刑事法学教学所采用的主要考核评价方式是书面的期末考试和论文考核。书面的考试呈现出来的分数所能够反映的内容有限，也很难实现人才培养目标所需要的素质衡量。随着刑事一体化思维深入，评价制度也应该根据教学内容和人才培养目标进行变革和优化。但对于传统的书面考试的评价方式我们不能一棍子将其打死，其存在有其合理之处和优点，我们所要做的一方面是在这些传统的评价基础上进行改革优化，另一方面引入多元的评价标准和方式构建起新的评价制度。

就优化传统评价制度而言，传统的期末书面考试题型主要包括名词解释、法条分析、案例分析，有些学校还有选择题和判断题等客观题。对于选择题、判断题和名词解释等题目考察的仅仅是学生的记忆能力，这种题型学生只需考前几周突击记忆即可应付，不能很好地检验学生的掌握程度；对于案例分析、法条分析这种题型则可以很好地反映学生的逻辑思维能力，对法律的理解掌握程度等。因此对于传统的考试一方面要合理设置各种类型题目的比例，另一方面需要教师精心设计，优化试题内容。对于传统书面考试在整体评价中所占分值的比例也需进行一定的调整和优化。对于传统的论文考核，一方面对文章的撰写进行规范性指导和培训，以培养学生的写作能力；另一方面对文章的评价更细节化和规范化，增加老师的反馈和评价改进意见，改变以往的学生上交论文，老师给个分数即完成考核的模式。正如物理学中力的作用是相互的一样，人们的行为也受一定力的驱动。驱动学生刑事法学学习方式行为的动力很大程度上是其评价考核制度。对传统评价制度的完善可以促进学生对基础理论知识的掌握。

针对不同课程内容和目标设计不同的考核评价方式，引入多元评价尺度。根据上文对刑事一体化下教学内容的涉及，相应地可以引入不同的评价制度。对于实践性教学而言，教学效果是无法用书面的考试来反映的，因此可以根据不同的实践教学方式在不同的实践节点进行多样化考核，如对于模拟法庭教学，老师可以根据学生的表现对其准备阶段、法庭模拟阶段、总结反思阶段进行分别打分；可以从其对问题分析、阐述角度、方式进行打分；亦可以加入学生的自我评价；可以引入其他学生的评价。这种不同角度、不同方式的考察才能更加全面真实地反应出学生对于教学内容的掌握和理解程度，才能更好地考察培养目标所需具备的素质，发现差距，实现评价制度的真正目的。

澳大利亚法学教育的特色及对我国的启示

——以墨尔本大学法学院为例*

◎张倩雯　张　哲**

摘　要：澳大利亚的法学教育经历了百余年的发展，从英国学徒制逐渐转变为法学院校理论教育。以墨尔本大学法学院为样本，其法学博士培养制度具有明确的学术导向性，设置了完善的导师制度，建立了系统的学术训练机制。其法学硕士培养以"集中式学习"为特点，有利于法律实务工作人员参与学习。此外，墨尔本

　　* 本文系国家留学基金委公派访问学者项目（201907005033），西南交通大学本科教育教学研究与改革项目"互联网时代下教师发展与教育教学能力提升再思考"（20202103）的阶段性成果。

　　** 张倩雯（1986—），女，法学博士，西南交通大学公共管理与政法学院讲师，硕士生导师，墨尔本大学法学院访问学者；研究方向：国际投资法，国际公法。张哲（1993—），女，经济学硕士，西南交通大学党政办公室助理研究员；研究方向：高教管理，经济法学，人口资源与环境经济学。

大学法学院构建了以学生为导向的法学指导与服务体系，对学生的学习与就业提供及时、有效的服务。我国在培养卓越法治人才时，可借鉴澳大利亚法学教育的有益经验，通过完善培养机制、明确培养标准、强化实践教育等方式培育一流法治人才。

关键词：澳大利亚　法学教育　比较研究　卓越法治人才

　　澳大利亚的法学教育制度隶属于英美法系，近年来因其国际化的教育理念、系统性的教育模式、多元化的教育背景吸引了大量的国际学生，其中中国学生占据了不小的比例。以笔者访问的墨尔本大学法学院为例，2019 年在读的法学硕士（LL. M）中中国学生就接近总硕士学生人数的一半。本文通过回溯澳大利亚法学教育的历史，重点探究了墨尔本大学的法学博士项目和法学硕士项目的培养特点，介绍了法学院在服务与指导学生学习与就业上所做的工作，以期有助于完善我国的法律人才、法律体系和法律服务等建设，对我国培养卓越法治人才有所裨益。

一、澳大利亚法学教育的历史演进

　　在 19 世纪中叶以前，澳大利亚的法学院教育移植于英国的学徒制教育，主要由从业的律师教授法律实践知识。[1] 1855 年，澳大利亚的首个法学院——悉尼大学法学院诞生，将从前的学徒制法律教育改变为了法学理论教育。[2] 此后，一系列法学院相继

---

〔1〕 See, eg, Linda Martin, "From Apprenticeship to Law School: A Social History of Legal Education in Nineteenth Century New South Wales", *University of New South Wales Law Journal* 9, 1986, p. 111.

〔2〕 Roper Christopher, "Australian Law Schools: A Discipline Assessment for the Commonwealth Tertiary Education Commission", *Journal of Professional Legal Education* 5, 1987, p. 1.

而生：1857 年墨尔本大学设立法学院；1883 年阿德莱德大学设立法学院；1893 年塔斯马尼亚大学设立法学院；1935 年昆士兰大学设立法学院。[1]

最初法学院的教育显得非常形式主义和教条主义，一切围绕考试进行。法学院的多数教师都是学校从法律从业者中选聘的兼职老师。学生的学习方式也多数是兼职学习，晚上上课。[2] 此时的法学院在学校的学科地位较低，被视为其他专业的辅助学科而非真正独立的学术机构。[3]

第二次世界大战之后，澳大利亚的法学教育迎来了转变的契机。澳大利亚政府提出，与其他国家相比，传统的“兼职式”法学教育过于落后，法学教育应当进行现代化改革。[4] 由此，越来越多的法学教师由兼职转变为全职，专门从事法学教育。专业法学教师数量的大幅增加不仅大大提升了法学的学科地位，这些教师在教学过程中也通过借鉴美国法学院的教学方式，逐渐创设出一套独立的教学体系，即强调“法律的科学性”（law as science），提倡法律批判思维。[5]

经历了近两个世纪的发展，澳大利亚的法学教育已经衍生出

〔1〕 Australian University Law Schools and Practical Legal Training Institutions, Studying Law in Australia 2001, Council of Australian Law Deans, 2000, p. 4, cited from Nickolas James, "A Brief History of Critique in Australian Legal Education", *Melbourne University Law Review*, 2000, p. 967.

〔2〕 Nickolas James, "A Brief History of Critique in Australian Legal Education", *Melbourne University Law Review*, 2000, p. 967.

〔3〕 Michael Chesterman and David Weisbrot, "Legal Scholarship in Australia", *Modern Law Review* 50, p. 709, 711.

〔4〕 Judith Lancaster, *The Modernisation of Legal Education*, Centre for Legal Education, 1993, p. 2.

〔5〕 See Marlene Le Brun and Richard Johnstone, *The Quiet (R) Evolution: Improving Student Learning in Law*, Law Book Co. Ltd., 1994, p. 29.

一套完整的教育体系，每年吸引了大量的国际学生攻读法学硕士和法学博士（Ph. D）学位。以笔者访学的墨尔本大学法学院为例，其以学术为导向的法学博士培养体系，以实务为导向的法学硕士培养路径，以及以学生为导向的法学指导与服务体系均有值得我国高校培养卓越法治人才的借鉴之处。

二、以学术为导向的法学博士培养体系

在分析世界教育机构的排名时，QS 世界大学排名（QS World University Rankings）有着非常重要的参考价值。在 2019 年 QS 世界大学排名中，墨尔本大学法学院位于世界第六名，稳居世界顶尖法学院之列。[1] 这样优秀的名次与墨尔本大学法学院优秀的科研水平密不可分，这从墨尔本大学法学院严格的法学博士培养体系便可略窥一二。

对于所有进入博士阶段学习的研究生而言，导师都是其走向学术生涯的重要引路人。关于如何设立博士生导师制度其实并没有一个世界通行的方案。但是，无论高校采取怎样的导师制度，在导师和博士生之间建立良好的沟通机制，达成具备共识的标准以及导师的专业性都无疑是十分重要的。

（一）明确的导师准入与退出机制

2016 年，学校出台了针对研究生导师的《导师责任与注册制度》（以下简称《制度》），[2] 其中详细规定了制度设立的宗旨、范围、程序原则、导师的角色与责任等。该《制度》五年一审，及时根据现实需要进行调整。《制度》对于博士生导师的上

---

[1] QS Top Universities, https://www.topuniversities.com/subject-rankings/2019.
[2] See Supervisor Eligibility and Registration Policy (MPF1322), https://policy.unimelb.edu.au/MPF1322.

岗和退出规定了严格且清晰的程序制度。所有的博士生导师上岗之前必须经过严格的培训。在符合一定条件的时候，原则上可以提出撤销该博士生导师的资格。例如，该导师已经终止了和学校的聘任关系，该导师已经不再积极从事原来的研究，该导师未在六个月内完成入职培训。[1] 据笔者了解，墨尔本大学法学院的导师退出机制并非形同虚设，在实际中已有数个博士生导师因未能履行其职责而被更换的例子，这对督促导师认真履职具有十分积极的作用。

墨尔本大学非常强调师德师风，其中一项做法是要求所有的教职工如果收受了第三方给予的 100 澳元以上的礼物，或在 12 个月内收受了来自同一个提供者 200 澳元以上的礼物，则必须申报以接受监管，否则也会影响其导师资格。学校对"礼物"作了相对宽泛的界定，不仅包括财产性质的礼物，还包括娱乐、接待、旅行或获得的其他好处。[2]墨尔本大学法学院用高薪给了其教职工优厚的待遇，同时也通过严格的制度规定杜绝学术腐败。

（二）多导师制度

墨尔本大学法学院的博士生都有不止一位博士生导师，其中包括一名"主要导师"（Principal supervisors）和一名以上的"合作导师"（Co-supervisors）。其中，"主要导师"必须来自学院正式雇员，并且是重点研究领域的学术专家，有一定的资历要求。"合作导师"则有更多选择，如果不是学校正式雇员，而是来自其他知名大学或者研究机构的研究人员。这些人在经过院长批准

---

〔1〕　See Supervisor Eligibility and Registration Policy（MPF1322），5.4，5.5.
〔2〕　The Appropriate Workplace Behaviours Policy MPF1328, https：//policy. unimelb. edu. au/MPF1328, 17.

后也可以作为"合作导师"指导博士研究生。[1] 若导师被撤销资格,则他既不能以"主要导师"也不能以"合作导师"的名义继续指导原来的学生。[2] 此外,还有部分博士生拥有"外部导师"(External supervisors)。"外部导师"在博士生的指导中起到辅助作用,聘请"外部导师"必须经过院长同意。

多导师制度反映出墨尔本大学法学院对合作的提倡,这与学院的研究目标密切联系。墨尔本大学法学院的研究目标之一便是鼓励研究合作,吸引来自世界各地的访问学者和研究人员,并加强澳大利亚法学研究和世界各大法学研究机构之间的联系。[3] 这在学院对本校教职工科研成果考核的方式中也得以体现,即鼓励合作研究。伴随经济全球化和科技信息化的高速发展,科学研究所面对的困难日益复杂,很多问题都需要不同学科、不同领域背景的科研人员合作才能有效解决。即使是同一领域,法学教育也分为学术研究和实践应用。对同一问题,法学教授、律师、行政部门相关从业人员的视角往往并不相同。鉴于此,多导师制度有助于构建交叉学科体系,也有益于理论与实践的统一。

(三) 系统性的学术训练

墨尔本大学法学院为博士研究生制定了《研究生科研训练规定》(以下简称《规定》)(Graduate Research Training Policy),对导师和研究生的沟通、课程的要求、博士论文的要求等问题作出了明确规定。《规定》的一大亮点是"导师的职责"这一章节,其中明确指出,博士研究生导师必须最少每月和其博士研究生见

---

〔1〕　See Supervisor Eligibility and Registration Policy (MPF1322), 4.3, 4.4.

〔2〕　See Supervisor Eligibility and Registration Policy (MPF1322), 5.7.

〔3〕　https://law.unimelb.edu.au/students/grd.

面一次，沟通双方对于学术研究的见解，检查学生的学术训练进展。每六个月，导师将对学生的学术训练进行一次系统性的大考核。所有的导师与博士生之间的沟通细节都应当记录在册。[1]

根据笔者向墨尔本大学法学院的博士研究生了解，大家普遍反映这样"每月一小检，半年一大检"的学术训练方式虽然严苛，给他们带来了不小的压力，却对学术成长大有裨益。导师通常在第一次见面之前就制定了每个月碰面时需要提交的小论文题目，这些题目往往与博士生的博士论文主题有一定联系，但不完全重合。博士生需要在一个月内开展相关的学术研究并撰写小论文，一年下来博士生已经有了至少十二篇小论文的写作经验，无论是语言能力、法律资料检索能力还是学术写作水平都能得到提升。博士生对导师每半年一次的大考核也十分重视，因为导师给予的评价和评分将被记入该生的学术档案，将直接影响他毕业后找教职工作。经过三年如此严格且系统的学术训练，博士生普遍收获良多，科研能力得到大幅提高。

三、以实务为导向的法学硕士培养路径

（一）课程设置

墨尔本大学法学院的硕士学位分为脱产学习和在职学习两种，前者要求学生在一年内毕业，后者的学制是两年至四年。此外，硕士生完成一定量的课程学习可获得"研究学历"。"研究学历"学习的要求比硕士学位低，脱产学习的学制是六个月，而在职学习的学制是一年至两年。与硕士学位相比，"研究学历"覆

---

〔1〕　Graduate Research Training Policy（MPF1321），https：//policy. unimelb. edu. au/MPF1321，5. 10.

盖的领域范围就宽泛了很多，墨尔本大学法学院可授予的法学研究学历包括银行和金融法（Banking and Finance Law）、建筑法（Construction Law）、政府法（Government Law）、知识产权法（Intellectual Property Law）、体育法（Sports Law）等。[1]

硕士教学的一大特点是集中学习制度（Intensive learning）。每一门课程均在五天内由教授完成，从早上九点一直授课到下午五点半，中间只留了很少的休息时间。授课老师会提前几周把课程相关的材料提交到网上，让学生预习，这些材料主要包括重要的论文、立法和案例。

（二）利弊分析

笔者旁听了硕士研究生的《国际投资法》课程，直观感受是和许多大学硕士的教学模式和教学效果有一定差异。笔者曾在厦门大学法学院和加拿大麦吉尔大学法学院各攻读过一个硕士学位。上述两校均是采取的一周一次课程的传统授课方式。麦吉尔大学法学院给本校的硕士和博士研究生开设了一门必修课程《法学理论方法》（Theotical Approaches to Law），教授学生通过学习法学经典构建法学理论框架。每节课前，教授会给学生布置阅读一本经典的法学理论书籍，例如黑格尔的《法哲学原理》。学生应在一周内完成阅读任务，并提交阅读报告至作业平台给大家互相评议。由于法学理论经典书籍往往晦涩难懂，在还有其他课程学习任务的同时，一周一本书籍的学习任务其实颇为繁重。但经过不懈的思考和努力，到期末时同学们也都能看到自己在思维方式和理论积累方面的明显进步。如果采用墨尔本大学法学院集中学习的制度，不给予学生足够的时间消化、思考以及和老师互

---

〔1〕 具体可参见：https：//handbook. unimelb. edu. au/search？ page＝3。

动，这类理论艰深的课程则难以开展。因此，集中学习制度有其明显的局限性，即适合实务性强的知识传播课程。此外，集中学习制度对于老师而言更有利于其授课的连续性和体系化，但对于学生而言学习压力很大。尤其攻读硕士学位的很多是来自非英语母语国家的学生，如果在课前没有对学习材料进行充分的预习，要能完全跟上老师的教学进度则会相当吃力。

但与此同时也应当注意到，集中学习制度也有其优越性，即非常有利于实务人员参与学习。例如，在《国际税法》这一课程中，就有许多相关实务工作者例如仲裁员、会计师和律师等参与学习。很多实务工作者的工作性质与工作压力无法保障他们连续进行为期一年或者两年的学习，这种"集中式学习"的方式就给予了这些实务工作者大量的学习机会，因此在墨尔本大学法学院的大楼里时常能看到拖着行李箱来上课的学生。

四、以学生为导向的法学指导与服务

（一）就业发展中心

学院设有专门的就业发展中心（Career Development Center），为学生的就业提供咨询与服务。中心设立在法学院一楼，可提供的服务包括一对一的就业指导、修改求职信和个人简历、设计职业规划、面试咨询及模拟面试、与墨尔本大学法学院同行校友联系、举办讲座和求职工作坊活动等。每位在校同学只要提前在网站上注册预约，并提交自身需求，就可量体裁衣地为其提供就业咨询与服务。

（二）学术指导中心

墨尔本大学法学院设置有专门的法学学术训练中心（legal academic skills center），重在为提升学生的学术写作、科学研究和学习技巧提供帮助。中心由专门从事法律写作和学术技巧研究的副教授牵头，中心成员均五名，每人有不同的分工，例如专门服务于博士研究生或硕士研究生。

中心通过提供面对面咨询服务，定期举办工作坊，举办法律写作比赛等方式，致力于提升学生的学术能力。科研能力对于博士生尤其重要，因此中心十分重视对于法学院博士生的学术能力培养，为博士研究生的博士论文开题、组织结构，甚至语言修改等均提供咨询意见。

（三）图书馆设置

墨尔本大学法学院有十分丰富的图书资源，包括纸质书籍和电子书籍。图书馆专门开辟了一栏用于介绍最新出版的热门法学书籍，以及法学院教师最新出版的著作成果。此外，值得一提的是图书馆特有的"高使用频率书馆"（high use）设置。该书馆收藏的书籍是据图书馆统计借阅频率最高的书籍，通常是目前学生上课使用的教材和参考书，以及当下研究最热门话题的相关书籍。"高使用频率书馆"的特色就在于这里的书仅仅可以借阅两小时，时间到了必须马上归还。这样能够保证书籍的使用效率，既然大众对此类书籍的需求度高，就尽可能让更多的人有机会使用到这些书籍。此外，"高使用频率书馆"单独设置在图书馆主馆之外。即使在图书馆闭馆期间，师生仍然可以在该书馆借阅书籍，对高频用书的需求得到了满足。

五、对我国卓越法治人才培养的启示

2018 年 10 月，教育部、中央政法委出台了《关于坚持德法兼修实施卓越法治人才教育培养计划 2.0 的意见》（以下简称《培养计划 2.0》），从法治人才培养理念、培养机制、实践创新体系等方面提出了卓越法治人才培养的路径。我国的法学教育在教学理念、培养目标、培养模式等方面，都已逐渐形成了中国特色社会主义的法学教育体系，为法治中国建设输送了大量的优秀人才。[1] 但与此同时，我国每年有大量的留学生赴澳大利亚攻读 JD 和 LL. M 学位。除了"镀金"的传统想法之外，澳大利亚法学教育的吸引力不容忽视。在我国培养卓越法治人才队伍的过程中，澳大利亚法学教育的部分经验可为我国法学教育所吸收。

（一）对法学博士教育的启示

一方面是完善导师制度，建立导师准入与退出机制，明确导师职责，探索多导师制度。我国在硕士生导师和博士生导师的准入机制上都规定了严格的条件，对导师发表的论文数量、承担的课题层级等做出了要求，但在导师退出机制上尚未作完善的设定。墨尔本大学关于博士生导师退出机制的规定对于完善我国的导师制度有一定的借鉴意义。此外，我国重视构建交叉学科体系，在完善学科建设保障机制的同时，鼓励跨学科、跨机构的研究生协同培养和科学技术协同攻关，大力推进学科开放和交叉融合机制。传统的"理论法学+部门法学"的法学学科体系已不能

---

〔1〕 刘同君：《新时代卓越法治人才培养的三个基本问题》，载《法学》2019 年第 10 期，第 140 页。

适应复杂的社会变革需要，交叉科学可能成为法学学科新的增长点。[1] 若要开展交叉学科研究，仅仅拥有某一领域的背景知识是远远不够的，这要求不同学科、不同领域的研究人员通力合作。当下许多的法学研究热点均涉及交叉领域，除了传统的法学与经济学、法学与哲学、法学与政治学的交叉之外，还涌现出法学与人工智能、法学与国际关系学等研究领域，近期的新型冠状病毒疫情还引发了学者对法学与卫生学关系的思考。由此可见，新时代的法学研究提倡跨学科合作，这应从博士研究生的培养做起。例如，对于选题涉及法学与人工智能的博士研究生，可效仿墨尔本大学法学院的多导师制度，为其分配法学院和计算机学院或通信学院从事相关研究的导师各一名，这样更有利于学科间的合作与对话。

另一方面是完善博士研究生的学术培养体系。各高校虽然对法学博士研究生培养制定了详细的培养大纲，但这些大纲往往仅列举了博士生应当修读的课程以及毕业应当完成和发表的论文条件，对博士研究生的培养过程却疏于规定。在此情况下，导师多久和自己的博士生见面沟通一次，博士生应当如何开展学术训练，怎样评价博士生的学术进步等问题均没有明确的要求和具体的规定，这直接导致许多高校对博士生的学术培养缺乏体系性。对此，建议效仿墨尔本大学法学院的《规定》，对法学博士研究生的培养过程具体化、要求明确化，这将更加有利于博士生的学术成长。

---

〔1〕 冯果：《加速新时代法学新兴交叉学科的发展》，载《光明日报》2017 年 12 月 29 日，第 7 版。

（二）对法律硕士培养的启示

《培养计划 2.0》强调法学教育应"重实践，强化法学教育之要"。我国所有法学专业的培养目标都应落实在培养法治人才这一强调实践性的目标上，[1] 中国特色法学教育模式的基本元素也是理论与实践的结合。[2] 法学作为与实务紧密联系的一门学科，培养卓越的法律实务人才是培养卓越法治人才的应有之义。目前有不少高校都提供在职攻读法律硕士的机会。与全日制攻读法律硕士的研究生相比，在职攻读法律硕士的研究生具有法律实践经验丰富、总体年龄偏大、普遍具备较好的法律知识体系等特点。[3] 我国的法律硕士教育重在培养高层次的实务型人才，但现实中的法律硕士教育对实务训练的强调不足，对实务人员的吸引力度不够。[4]

实务工作人员进修学习的最大障碍便是学习与工作的冲突，学习时间难以保证。我国高校在开设在职法律硕士学位课程的过程中，可借鉴墨尔本大学法学硕士的"研究学历"做法，通过提供"研究证书"，采取"集中式学习"的方式，提供更加多样化的学习选择，不仅可以照顾到实务工作人员工作繁忙的现实，也可以兼顾更多实务工作人员进修法律的需求。

---

〔1〕　徐显明等：《改革开放四十年的中国法学教育》，载《中国法律评论》2018年第3期，第10页。

〔2〕　丁夏：《试论法学教育"供给侧"改革的目标——以"卓越法律人才培养计划"为视角》，载黄进主编：《中国法学教育研究》（2016年第3辑），中国政法大学出版社2016年版，第53页。

〔3〕　陈宗波、周世中：《在职法律硕士专业学位研究生培养若干前置问题探究》，载《社会科学家》2009年第8期，第80页。

〔4〕　胡弘弘、谭中平：《法律硕士（法学）研究生的培养目标与定位》，载《中国高教研究》2011年第11期，第41~42页。

（三）对法学学习指导和就业服务体系建设的启示

在培养卓越法治人才的过程中，建设师资队伍、改革教学方式、加强实践教学等关键环节的改革固然十分重要，但强化法学指导和服务体系建设的重要性同样不应忽视。只有为法学学生提供更好的学习指导与就业服务，才能真正为做强一流法学专业、培育一流法治人才做好保障。绝大多数法学院校没有设置专门的法学学术训练中心。多数情况下，由学生导师负责对学生进行学术训练，这导致学生们难以从导师之外获得学术训练机会。对此，宜借鉴墨尔本大学法学院设置专门的法学学术训练中心，由教学型教师牵头，整合学术训练资源，为学生学术训练提供更多的帮助与交流机会。

此外，虽然我国大多数高校都设置了专门的招生就业处和学生就业指导中心，通过宣传就业机会、安排就业指导讲座、组织年度就业"双选会"等方式为毕业生提供就业信息与就业机会。但这些就业指导中心往往缺乏对学科特殊性的关注，很多法学院并没有专门的就业指导中心，对学生提供修改简历、模拟面试、校友联系等咨询服务。建议法学院校专门设置针对法科生的就业指导部门，以服务学生需求为主要目标，从"单方灌输式"的就业指导转变为"双向沟通式"的就业指导与服务。[1]

---

〔1〕 曲宗琴、许琳婕：《法学专业大学生就业问题探究》，载《中国成人教育》2011 年第 24 期，第 45 页。

课堂与教学

Curriculum and Teaching

超大班教学环境下本科刑法专业必修课多维互动教学模式改革[*]

◎耿佳宁[**]

摘　要：我国本科刑法专业必修课普遍采取大班或超大班教学形式，这一现象不局限于政法类院校，综合性高校也有出现；且课堂平均容量与课时呈反相关，这可能进一步加剧大班或超大班教学与课程教学质量之间的矛盾。改善授课过程中师生之间的交流互动方式，以此提升课堂教学效果是超大班环境下多维互动教学的核心维度。但这并不意味着放弃课前与课后两个环节。课前预习阶段教学工作的重点应落在为学生描绘基本知识和核心逻辑方面，启发性过强、完全以"点"呈现的或者纯粹以实践问题为导向的内容，不宜让学生在此时接触。线上课程介入超大班刑法专业必修课教学的时间宜

---

　　*　本文系中国政法大学 2019 年教育教学改革立项项目"超大班教学环境下刑法专业必修课多维互动教学模式研究"（项目编号：JG2019A002）的结项成果。
　　**　耿佳宁，中国政法大学刑事司法学院讲师，法学博士。

安排在课后，主要功能宜定位在帮助学生升华知识，而非对学生进行知识输入。真正的智慧教学不是单纯运用信息技术手段或者直接将线下课堂原封不动地搬到线上，超大班教学环境与法学主干课的课程性质共同决定了刑法专业必修课无法完全实现翻转课堂。有必要区别设计刑法总论课和刑法分论课的多维互动方案。

关键词： 超大班　刑法专业必修课　多维互动　MOOC　SPOC

一、我国高校市科刑法专业必修课超大班教学现状

随着我国法学教育事业的蓬勃发展，法学本科招生规模不断扩大。目前，全国有 650 多所普通高校开设了法学本科专业，[1] 在校本科生超 40 万人。[2] 这导致学生数量与本科院校师资力量之间的矛盾日益凸显，很多高校在课堂教学的过程中不得不采取大班或超大班的方式授课。刑法学作为国务院学位委员会《学位授予与人才培养学科目录》中法学一级学科下的 12 个二级学科之一，各大院校均将其列为法学本科专业必修课，因此，可以合理推断，各高校本科刑法专业必修课大体上也处于大班或超大班的教学环境之中。

（一）教学规模的划分标准

需要说明的是，对于法学本科教育大小班的界定，国内其实并无统一标准。曾有学者根据高考、研究生入学考试等大型全国统一考试的标准考场人数设计以及一些中小学实验班级学生数量的设计，将 30 人以下的班级界定为"小班"；另根据截止到 2007 年中国政法大学的班级现状以及多数高校法学院本科生课堂容量

---

〔1〕　杨宗科：《论"新法学"的建设理路》，载《法学》2020 年第 7 期。

〔2〕　杨学科：《篱笆、渴望和中国法学教育四十年之"不惑"》，载《法学教育研究》2019 年第 2 期。

情况，将 120 人以上的班级界定为"大班"。[1] 但是，全国统一考试标准考场设置与高校教学规模的划分没有必然的对应关系。而且，基础教育阶段与高等教育阶段师生比例存在明显差异，所以，以中小学实验班模拟本科教学中的小班，标准似乎过于苛刻。

课题组认为，我国法学本科教育课堂规模的划分可参考一些政法类院校关于教师工作量的阶梯计算规则，这些规则的制定大多基于对本校教学情况的广泛调研，因此，能够比较准确地反映实际教学活动中法学课堂规模的分层。课题组借鉴《中国政法大学本科课堂教学超工作量奖励办法（试行）》（中政大发〔2005〕69 号）的系数算法，[2] 将课堂容量不足 60 人的班级定性为"小班"，60 人以上但不足 120 人的班级定性为"大班"，120 人以上但不足 250 人的班级定性为"超大班"，250 人以上的班级定性为"特大班"。

（二）国内各类高校本科刑法专业必修课普遍呈现大班或超大班教学的现象

课题组选取中国政法大学、西南政法大学、西北政法大学、湖南大学和山西大学作为样本院校，通过收集并分析这些院校近五年本科刑法专业必修课的教学情况，得出以下基本结论：我国本科刑法专业必修课普遍采取大班或超大班教学，这一现象不局

---

〔1〕 参见翟继光:《法学院本科教育大小班教学的利与弊》，载《中国法学教育研究》2007 年第 2 期。

〔2〕 《中国政法大学本科课堂教学超工作量奖励办法（试行）》第 3 条规定，授课对象不足 50 人的课程系数为 1；50 人以上不足 120 人的课程系数为 1.1；120 人以上的课程系数为 1.2。但自 2018 年起，教务处每学年发布的《关于开展本科课堂教学超工作量奖励工作的通知》对上述标准做出微调，将小班的上限由 50 人上调至 60 人，另补充了"251 人以上的课程系数为 1.4"的规定。

限于政法类院校，综合性高校也有出现；只不过由于综合性高校法学本科学生基数较小，所以，尚能基本维持在 60~120 人/堂的大班规模，而政法类院校普遍能达到 120 人以上的超大班规模。

作为法学本科招生体量最大的国家"双一流"建设高校，中国政法大学面向本科生开设"刑法学总论"（以下简称"刑总"）和"刑法学分论"（以下简称"刑分"）两门刑法专业必修课，各 48 课时，共计 96 课时。根据 2016—2020 年的统计数据（见图 1）显示，中国政法大学本科"刑总"和"刑分"的课堂平均容量分别为 164 人/堂和 238 人/堂。

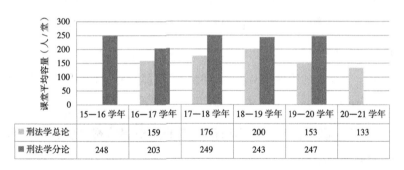

	15—16 学年	16—17 学年	17—18 学年	18—19 学年	19—20 学年	20—21 学年
刑法学总论		159	176	200	153	133
刑法学分论	248	203	249	243	247	

图 1　2016—2020 年中国政法大学本科刑法专业必修课课堂容量

按照课堂容量 120 人以上的班级定性为"超大班"的标准，中国政法大学刑法专业必修课处于明显的超大班教学环境中，并且结合该校刑事司法学院刑法学专任教师人数的变化规律，可以合理预测，在未来一段时间内这种现象不会有太大改变。

课题组另选取西南政法大学、西北政法大学、湖南大学、山西大学作为观察对象，旨在通过前两所高校印证政法类院校的教学情况，通过后两所高校反映综合性院校的教学情况。上述四所高校，本科刑法专业必修课均设置为"刑总"和"刑分"两门，安排在前后相继的两个学期。但是，四所高校在课时设置方面差异明显：①湖南大学课时最多，刑总80课时，刑分64课时，共计144课时；②西北政法大学次之，刑总54课时，刑分54课时，共计108课时；③西南政法大学[1]与山西大学课时安排与中国政法大学一致，刑总48课时，刑分48课时，共计96课时。

在课堂容量方面，依据上述四所高校2017—2019年的统计数据（见图2）表明，刑总课和刑分课班级人数基本持平，不像中国政法大学那样刑分课课堂规模明显大于刑总课。此外，作为政法类院校的西南政法大学和西北政法大学，其课堂平均容量分别为133人/堂和115人/堂，达到（或接近）超大班规模，明显高于湖南大学（73人/堂·大班规模）和山西大学（96人/堂·大班规模）这样的综合性院校。

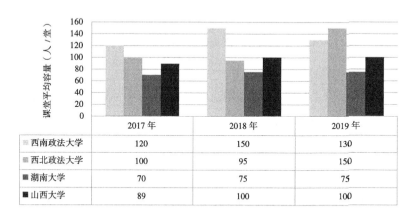

图2　2017—2019年其他高校本科刑法专业必修课课堂容量

〔1〕　西南政法大学目前96课时的本科刑法专业必修课授课时长，是2019年缩减后的结果；此前，刑总48课时，刑总64课时，共112课时。

（三）国内高校本科刑法专业必修课课堂平均容量与课时呈反相关

将中国政法大学、西南政法大学、西北政法大学和湖南大学这四所高校本科刑法专业必修课的课堂平均容量与课时数据进行对照观察，可以发现课堂平均容量高低与课时设置多寡呈反相关：课堂平均容量较低的高校课时设置较多，而课堂平均容量较高的高校课时设置较少。以上述四所高校 2017—2019 年本科刑分课的课程数据为例，具体如图 3 所示：

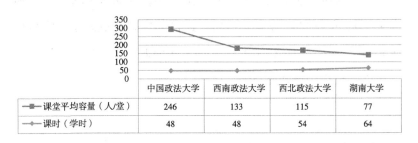

	中国政法大学	西南政法大学	西北政法大学	湖南大学
■ 课堂平均容量（人/堂）	246	133	115	77
◆ 课时（学时）	48	48	54	64

图 3　2017—2019 年四所高校刑分课课堂平均容量与课时的反相关走向

关于图 3，另有三点需要说明：第一，图 3 虽然只选取了四所样本院校 2017—2019 年本科刑分课的课程数据，但实际上，四所样本院校同一时段的刑总课程数据同样能够反映出课堂平均容量与课时的反相关走向：中国政法大学、西南政法大学、西北政法大学和湖南大学的刑总课课堂平均容量（人/堂）依次为 176、133、115 和 73，课时（学时）依次为 48、48、54 和 80。

第二，山西大学的本科刑法学专业必修课教学情况不完全符合图 3 所反映的规律。该校刑总课和刑分课均为 48 课时，共 96 课时，与中国政法大学、西南政法大学同属课时安排较少的院校，但山西大学的这两门刑法专业必修课课堂平均容量约为 96 人/堂，不仅明显低于中国政法大学和西南政法大学，还低于西北政法大学，只比湖南大学高出 31.5%。究其原因，主要是由于山西大学法学本科招生规模本来就不大，2017—2019 年该校招生平均人数仅为 181 人/年，故而，学生数量与师资力量之间的矛盾不明显，自然有条件将课堂平均容量维持在绝对值低位。

第三，作为本科刑法专业必修课课时安排最多且课堂平均容量最低的高校，湖南大学通过独具一格的课时配比，致力于进一步压缩大班授课所占培养时长。根据《湖南大学 2015 版法学本科专业指导性教学计划》，该校刑总课的 80 课时中，有 64 课时系大班授课，其余 16 课时为小班讨论；刑分课的 64 课时中，有 48 课时系大班授课，其余 16 课时为小班讨论。

（四）小结

早在 2007 年，就有学者在权衡了本科法学教育大小班的利弊得失之后，提出对于必修类核心课程，课堂容量应控制在 80 人左右；即使考虑到师资力量明显不足的情况，也应当尽量将课堂人数控制在 120 人以内。"因为这些课程既然是核心课程，就需要学生打好基础，学得比其他课程要扎实，因此，这类课程的教学质量是特别需要保证的，而大班教学往往难以保证教学质量。"[1] 然而，图 1 和图 2 的数据表明，2017—2019 年国内高校（尤其是政法类院校）的刑法专业必修课仍然普遍处于超大班教学环境之中。

而且，图 3 的对照数据显示，刑法专业必修课课堂平均容量

---

〔1〕 翟继光：《法学院本科教育大小班教学的利与弊》，载《中国法学教育研究》2007 年第 2 期。

较低的高校课时设置较多，课堂平均容量较高的高校课时设置反而较少。这种课堂平均容量与课时的反相关走向，可能进一步加剧大班或超大班教学与课程教学质量之间的矛盾。因为在原本大班或超大班教学环境下，保证课程质量的难度系数就高，此时反而安排较少的课时，会使得单位课时的学生容量进一步升高。考虑到这样的现实情况，为了切实改善教学质量，迫切需要改革创新超大班教学环境下刑法专业必修课的教学模式，尝试将以往一般适用于小班课堂的多维互动范式有机地"移植"过来。

二、本科刑法专业必修课超大班教学的弊端

课题组通过文献检索发现，目前关于高校大班或超大班教学方式改革的研究主要集中在英语、思政、计算机、体育等通识课的教学上，针对法学专业教学的分析仅有 1 篇，是中国政法大学翟继光老师发表于《中国法学教育研究》上的《法学本科教育大小班教学的利与弊》。该文将法学本科教育中大班或超大班教学的最大弊端归纳为两点：一是影响教师和学生之间的互动交流；二是管理困难，影响教学效果。[1]

具体到刑法专业必修课，课题组在 2019 年春季学期期末（A 批次）和 2019 年秋季学期期末（B 批次）分两次向修读刑分和刑总课程的本科生发放调查问卷，分别回收有效问卷 164 份和 123 份。按照《中国政法大学本科培养方案（2018 年）》之规定，除涉外法律实验班等特殊情况以外，刑总课在每学年秋季学期开设，刑分课在每学年春季学期开课，这就意味着 A 批次受访

[1] 参见翟继光：《法学院本科教育大小班教学的利与弊》，载《中国法学教育研究》2007 年第 2 期。

者在填写问卷时已修读过刑总和刑分两门课程，而 B 批次受访者只修读过刑总一门课程。两次发放的问卷题目相同，均为 10 个问题，包括 4 道单选题，2 道封闭性是非题，2 道不定项选择题，2 道主观题。[1] 其中，与大班或超大班教学弊端相关的是第 6 题（主观题）和第 10 题（可多选）。

针对第 6 题"你个人感觉，什么因素会成为师生交流的障碍"，A 批次受访者的回答比较分散，主要包括几个方面：①课堂人数太多，老师照顾不了每个人的感受；②老师讲课可能较为深入，同学理解不了，没有与老师进行沟通的基础；③学生自己的性格问题，部分同学胆子较小，害怕老师觉得他的提问过于简单；④交流渠道（如微信群聊等）不通畅，很多学生因此不主动提问。B 批次受访者中，有部分同学没有回答；在回答的同学中，59.42% 的人认为"班级人数太多"与"课下交流时间少"是师生交流的主要障碍，15.94% 的同学认为缺乏其他交流途径是师生交流障碍的主因，其余同学则基本将这种障碍归咎于自己知识储备不充分。可见，课堂人数过多极有可能造成师生之间的交流障碍。换个角度可以认为，师生之间的交流障碍系大班或超大班教学明显的弊端之一。

针对第 10 题"你认为刑法学专业课（超）大班授课模式的弊端是什么"，在 A 批次受访者中，59.76% 的同学认为大班授课会影响师生之间的交流。其他几个弊端也有不少同学提及，包括：①教师课后没有时间进行个别辅导（37.20%）；②影响教师的讲课效果（28.66%）；③教师不愿意布置课后作业（20.73%）；

---

〔1〕 问卷样卷参见附件 1。两次发放的问卷标题略有不同：A 批次问卷题为《刑法学总论、刑法学分论授课情况调查》；B 批次问卷题为《刑法学总论授课情况调研》。

④学生被提问的机会少（17.68%）。具体如图 4 所示：

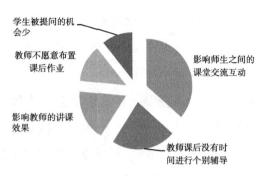

图 4　刑法专业课大班授课的弊端

在 B 批次受访者中，61.79% 的同学认为大班授课会影响师生之间的交流；其余同学主要认为，老师课后没有机会进行个别辅导是大班授课的最大弊端；而认为影响老师授课效果或者导致老师不愿意布置课后作业的人数最少，二者人数之和才与认为没有机会进行个别辅导的人数大体相当。综合两批次的调查结果，同时考虑受访者对第 9 题的回答情况，可以看出："影响师生之间的课堂交流互动""教师课后没有时间进行个别辅导"以及"影响教师的讲课效果"是学生视角下刑法专业必修课大班或超大班教学的主要弊端。

三、以提升课堂教学效果为导向的多维互动教学模式之提倡

（一）多维互动教学模式中若干维度的确定

1. 以提升课堂教学效果为核心维度

课题组通过文献检索发现，目前关于高校大班教学方式改革的研究主要集中在通识课领域。改善大班教学质量的方案主要包

括：①教师指导下的合作学习[1]；②建立健全助教制度[2]；
③通过 E-mail、QQ、MSN 或者 BBS 等网络工具搭建师生课下互
动平台[3]；④融合 SPOC、翻转课堂与传统教学模式的混合教学
探索[4]。大体上，现有方案的改革思路集中于，通过加强师生
之间课堂外的有效互动，弥补大班授课给课堂教学带来的消极影
响，而对于如何提升大班教学环境下的课堂教学质量，几乎没有
涉及。

　　然而，课堂教学是本科教学工作的重要环节，对学生获得知
识、培养能力、提高素质具有非常重要的作用。在提升本科刑法
专业必修课教学质量的过程中，应当充分发挥课堂教学的功能，
努力改善课堂教学效果。课题组发放的两个批次的调查问卷也能
从学生的视角印证此论断。针对问卷中的第 9 题"你认为师生教
学互动的重点环节应落在哪里"，在 A 批次受访者中，57.32%的
同学认为应该是授课过程中，34.76%的同学认为是课后，仅有不
到 5%的同学认为是课前；在 B 批次受访者中，同样绝大多数同
学认为重点环节应该是授课过程中；只有少数同学选择课前或
课后。

　　结合前文所述，"影响师生之间的课堂交流互动"是学生视
角下刑法专业必修课大班或超大班授课的最主要弊端，应当认
为，改善授课过程中师生之间的交流互动方式，以此提升刑法专

---

〔1〕　参见钟雪生：《合作学习在高校思想政治理论课大班教学的探究与运用——
以思想道德修养与法律基础为例》，载《中国劳动关系学院学报》2016 年第 1 期。
〔2〕　参见王超、任婉秋：《当前我国高校大班额教学存在的问题及对策研究》，载
《教育与考试》2018 年第 2 期。
〔3〕　参见易明芳：《大班环境下高校思想政治理论课多维互动教学模式的构建》，
载《教育教学论坛》2013 年第 13 期。
〔4〕　参见吴宁等：《大班教学环境下基于 SPOC 的混合教学设计与效果分析》，载
《中国大学教育》2016 年第 5 期。

业必修课的课堂教学效果是超大班环境下多维互动教学的核心维度。

2. 打通课前预习、课堂讲授与课后辅导环节

将课堂讲授作为多维互动的主战场，并不意味着放弃课前与课后两个环节。这里的关键问题在于，如何保证课前预习、课堂讲授与课后辅导这三个环节的高效衔接？

针对问卷中的第 4 题"你更喜欢的课前预习模式是什么"，在 A 批次受访者中，同学们没有表现出明显的偏好，选择"教师提前发布课件，根据课件预习""教师提前发布授课大纲，根据大纲预习"与"通过阅读指定教材进行预习"三种方式的同学数量相差不多；极少数的同学提出了其他建议，包括"老师提出问题让同学思考""允许同学自己选择教材或论文进行预习"等等。在 B 批次受访者中，超过三分之二的同学喜欢"教师提前发布课件，根据课件预习"或者"通过阅读指定教材进行预习"；对于其余几种方式，同学们没有表现出特别的偏好，各项选择的人数大体相当。

可见，学生更偏好具有针对性而非发散性的课前预习方式，"教师提前发布课件，根据课件预习""教师提前发布授课大纲，根据大纲预习"与"通过阅读指定教材进行预习"这三种被大多数学生选择的方式，都有着针对教师课堂讲授内容的共同特征。因此，课前预习阶段教学工作的重点应落在为学生描绘基本知识和核心逻辑方面，启发性过强的、完全以"点"呈现的或者纯粹以实践问题为导向的内容，无论是线上课程还是线下材料，都不宜让学生在此阶段接触。教师在学期初指定参考教材，每次下课前清晰说明下次课拟讲授的内容，在上课前一周安排助教通过课

程公共邮箱或"学习通"等教学类 APP 发布拟讲授的课件，这些看似传统的教学活动，恰恰是最能切实辅助学生开展课前预习的措施。

此外，从教师的角度考虑，为了能够更有针对性地进行课堂讲授，有必要在上课前 1 天~2 天由助教团队通过课程公共邮箱收集学生课前预习中的疑难问题。在本次调查中，尽管针对问卷中的第 1 题"授课过程中，是否存在很容易的知识点却花了大量不必要的时间来讲解的情形"，在 A 批次受访者中，92.54% 的同学表示没有这种情况，在 B 批次受访者中这一比例更是高达 97.46%，但是，针对问卷中的第 2 题"授课过程中，是否存在很难理解的知识点却未深入讲解或讲解后仍然不知所云的情形"，在 A 批次受访者中，46.87% 的同学表示存在，而在 B 批次受访者中这一比例更高，为 49.59%。可见，教师确有必要在课前充分了解学生的真实困惑，防止出现学生眼中很难理解的知识点并未深入讲解的情况。

在学生课后复习环节中，教师能有效介入的主要是答疑辅导。针对问卷中的第 5 题"你更喜欢的课后答疑方式是什么"，在 A 批次受访者中，超过一半的同学喜欢微信群、公共邮箱等线上交流群内答疑；其余同学中，喜欢"下课后在教室面对面答疑"与喜欢"给教师发邮件、发短信提问"的同学人数基本相当；希望每周指定时间段在办公室答疑的同学最少。在 B 批次受访者中，69.92% 的同学选择了微信群、公共邮箱等线上答疑；其余同学中，希望"下课后在教室面对面答疑"以及希望"给教师发邮件、发短信提问"的占大多数。

可见，比起线下方式，学生在整体上更偏好线上答疑。不过，在 2020 年因新冠疫情大规模网络授课之前，可供学生选择的线上答疑方式比较单一，主要限于课程微信群或课程公共邮箱。经过 2020 年春季学期的网络授课，线下答疑的现实不可能促进了我们对线上答疑方式的反思与创新。反思主要体现在，确认了课程公共邮箱答疑比课程微信群答疑更容易组织，也更有效率。创新主要体现在两个方面：其一，在公共邮箱答疑的过程中，采取助教与教师的双层体系，即学生的提问邮件，先由助教团队回答，助教团队无法准确回答的，将该封邮件重新标记为未读，转由教师回答；其二，根据学生反馈，教师每三周运用"学习通""腾讯会议"等 APP 进行一次直播，回答具有普遍性或典型性的学生提问，并且对学生表现出明显理解障碍的知识点再讲解。

3. 通过线上课程引导学生进行"拔高"训练

一般认为，完整的教学活动包括辅助课前预习、课堂讲授和课后答疑三个环节，但事实上，无论是刑总还是刑分，在超大班环境下，仅靠传统教学环节，至多能达到使学生清晰理解并熟练掌握知识的程度。故而，在完成课后复习的基础上，引导学生进行"拔高"训练，也是多维互动教学过程中不可忽视的环节。

根据前述调查反馈，"教师课后没有时间进行个别辅导"是学生视角下刑法专业必修课大班或超大班授课的第二大弊端。这从侧面说明，在超大班教学环境下对学生进行个别化的"拔高"训练并不现实。但同时也提示我们，可以充分利用线上已建设课程，引导学生有选择地进行学习，并通过线上课程的配套习题检验学习效果。所以，线上课程介入超大班刑法专业必修课教学的时间宜安排在课后，而非课前或课中；主要功能宜定位在帮助学生"升华"知识，而非对学生进行知识"输入"。

（二）以知识升华为功能定位的本科刑法专业必修课 MOOC 建设

1. 模式化智慧教学手段在中国政法大学的有限实践

2012 年起，以大规模开放在线课程（Massive Open Online Course，MOOC，简称"慕课"）的兴起为标志，国内大学教育教学模式改革的呼声持续高涨。借助 MOOC 打破传统的课堂教学模式，"混合教学""翻转课堂"等新理念应运而生。然而，课题组的两批次调查均显示，在 2020 年春季学期大规模网络授课之前，学习通、法大云盘、毕博平台等智慧手段在中国政法大学的法学本科教学中并未被普遍运用。即使运用，也大多局限于小班课堂。

针对问卷中的第 7 题"你所上过的课程中，是否有教师使用过爱课程、学习通、法大云盘、毕博平台等智慧教学手段"，在 A 批次受访者中，59.70%的人表示没有使用过；在 B 批次受访者中，这一比例更高，达到 65.04%。两批次中均只有少部分同学回答使用过，整合受访者的答案，可将中国政法大学使用智慧教学手段的课程名称及选课人数总结如下：①法律史研讨课（20人）；②初级西班牙语（20人）；③国际组织实习实务（20人）；④当代中国政府与行政（40人）；⑤律师学（50人）；⑥国际技术转让（50人）；⑦认知心理学（55人）；⑧宏观经济学（55人）；⑨国政英语（70人）；⑩网络安全技术（75人）；⑪经济学（82人）；⑫微观经济学（90人）；⑬近现代史纲要（100人）；⑭微观经济学（100人）；⑮经济学原理（100人）；⑯刑事诉讼法学（100/200人）；⑰国际私法（150人）；⑱习近平新时代中特色社会主义理论（200 人）。

在以上使用智慧教学手段的课程中，法学专业主干课只有刑事诉讼法和国际私法两门。就课堂规模而言，以不足 60 人的小班为主，占 44.44%；60 人～120 人的大班占 38.89%；120 人以上的超大班只占 16.67%，具体如图 5 所示：

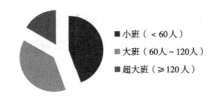

■ 小班（＜60 人）
■ 大班（60 人～120 人）
■ 超大班（≥120 人）

图 5　使用智慧教学手段的课程之教学规模

此外，课题组的调查还显示，学生对智慧教学手段提升教学效果的能力信心不足。针对问卷中的第 8 题"你觉得第 7 题中的智慧教学手段能否有效提升教学效果"，两批受访者在整体上均持保留意见：在 A 批次受访者中，只有 7.19% 的同学明确表示肯定，43.79% 的同学表示要看课程性质、人数，而认为不能起到任何作用或者只能起到一些辅助作用的，占 49.02%；在 B 批次受访者中，49.59% 的同学表示要看课程性质、人数，还有 37.40% 的同学认为不能起到任何作用或者仅有一些辅助作用，明确认为能提升教学效果的只占 17.07%。

从以上情况可知：①真正的智慧教学不是单纯运用信息技术手段或者直接将线下课堂原封不动地搬到线上，模式化的、只有"花架子"的智慧教学，学生认可度较低；②超大班教学环境与法学主干课的课程性质共同决定了刑法专业必修课无法完全实现翻转课堂。

2. 课题组以刑分课为例的 MOOC 培育实践

此时，就有必要思考，如何能够让线上课程有机融入超大班刑法专业必修课的教学活动中？如前所述，线上课程介入的时间宜安排在课后，而非课前或课中；主要功能宜定位在帮助学生"升华"知识，而非对学生进行知识"输入"。围绕此功能定位，课题组建设了一门 MOOC《刑法学分论三十二问》。课程主页如图 6 所示[1]：

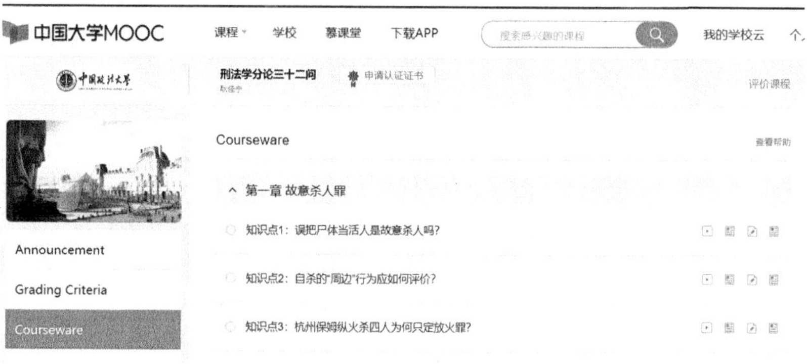

图 6 《刑法学分论三十二问》MOOC 主页

该课程兼具理论性与实践性，以《刑法》第二编分则的立法体例为主线，通过一问一答的方式，在建构刑法学分论理论体系的基础上，讲授与重点罪名相关的学术前沿动态，剖析司法实践问题。目的是使大家在掌握重点罪名、理论与制度的基础上，立足于中国的现实问题，培养刑法法律思维与分析解决问题的能力，举一反三。课程大纲安排如表 1 所示：

---

〔1〕 《刑法学分论三十二问》发布于中国大学 MOOC（慕课）暨国家精品课程在线学习平台，主页网址为 https：//www.icourse163.org/course/cupl-1207554804。

表 1 　《刑法学分论三十二问》课程大纲

章节	知识点
第一章 故意杀人罪	知识点 1：误把尸体当活人是故意杀人吗？ 知识点 2：自杀的"周边"行为应如何评价？ 知识点 3：杭州保姆纵火杀四人为何只定放火罪？
第二章 故意伤害罪	知识点 4：争执中发生死亡结果，是故意伤害（致死）还是过失致人死亡？
第三章 强奸罪	知识点 5：与幼女恋爱发生性关系是强奸罪吗？ 知识点 6：轮奸存在未遂形态吗？
第四章 绑架罪	知识点 7：为索债非法扣押他人是绑架还是非法拘禁？ 知识点 8："撕票"后继续勒索家属财物应如何评价？
第五章 盗窃罪	知识点 9：私自开走被交警依法扣押的本人车辆是盗窃吗？ 知识点 10：虚拟财产可以被盗窃吗？ 知识点 11：窃取必须"秘密"进行吗？
第六章 抢劫罪	知识点 12："飞车抢夺"是抢夺还是抢劫？ 知识点 13："谋财害命"与"害命谋财"都是抢劫致人死亡吗？ 知识点 14："事后"抢劫为何与众不同？
第七章 诈骗罪	知识点 15：取财过程有欺骗性就一定是诈骗吗？ 知识点 16：受骗者与蒙受损失者一定是同一人吗？
第八章 敲诈勒索罪	知识点 17：天价索赔是维权还是敲诈勒索？
第九章 侵占罪	知识点 18：窃取死者随身携带财物是侵占还是盗窃？
第十章 贪污罪	知识点 19：普通人也能构成贪污罪吗？ 知识点 20：乡长骗取县财政资金是贪污还是诈骗？ 知识点 21：将公共财物"挪"来用用是贪污还是挪用公款？
第十一章 受贿罪	知识点 22：收钱后不办事、办事前不收钱，还是受贿吗？ 知识点 23：行贿人是国家工作人员受贿的共犯吗？

续表

第十二章 利用影响力 受贿罪	知识点 24：谁能利用影响力受贿？ 知识点 25：利用影响力受贿者是他人受贿的共犯吗？
第十三章 生产、销售 假药罪	知识点 26：我不是"药神"，我销售假药？ 知识点 27：假药是伪劣产品吗？
第十四章 逃税罪	知识点 28：逃税与骗税，孰轻孰重？
第十五章 信用卡诈骗罪	知识点 29：盗窃未被激活的信用卡并使用是信用卡诈骗还 　　　　　是盗窃？ 知识点 30：如何限缩解释"恶意透支"型信用卡诈骗罪？
第十六章 保险诈骗罪	知识点 31：杀人骗保是一罪还是数罪？
第十七章 非法经营罪	知识点 32：《刑法》第 225 条"违反国家规定"与"非 　　　　　法"是同义重复吗？

　　该课程已完整运行两个周期，选课总人数达 12 475 人，目前正在运行第三个周期。课程运行数据如图 7 所示：

课程趋势　课时/测验/作业　讨论区　成绩/考核

课程名称	课程负责人	发布时间	开课时间	结束时间	选课总人数	收藏总人数
刑法学分论三十二问	耿佳宁	2019-12-27	2019-12-30	2020-04-12	7715	465

课程趋势　课时/测验/作业　讨论区　成绩/考核

课程名称	课程负责人	发布时间	开课时间	结束时间	选课总人数	收藏总人数
刑法学分论三十二问	耿佳宁	2019-12-27	2019-12-30	2020-04-12	7715	465

图 7 《刑法学分论三十二问》前两个周期课程运行基本情况

（三）多维互动教学模式在刑总课和刑分课中的差异化展开

刑总和刑分虽然同为本科刑法专业必修课，但二者在内容的难度、知识的特点以及学生的能力储备等方面存在明显不同。例如，针对问卷中的第 2 题"授课过程中，是否存在很难理解的知识点却未深入讲解或讲解后仍然不知所云的情形"，只修过刑总的 B 批次受访者中，认为存在这种情况的比例（50.41%）高于修过刑总和刑分的 A 批次受访者（46.87%）。而且，尽管 A 批次受访者已修过刑总和刑分，但其理解障碍仍集中于刑总的相关内容，主要包括罪数、共同犯罪和单位犯罪。鉴于此，有必要区别设计刑总课和刑分课的多维互动方案。

虽然针对问卷中的第 3 题"你更喜欢的讲课模式是什么"，两批次受访者中大部分同学均倾向于"艰深问题深入讲解，其他问题一带而过"，[1] 但考虑到课程的难度、知识特点及体系性地位，较之于刑分课，其实刑总课更适合采取这种授课方式。不过，在超大班教学环境下，受课时数量的限制，刑总课对艰难问题的深入讲解可能无法完全在线下课堂实现，此时，课题组建议，可以考虑将现有 MOOC 资源转化为面向校内特定班级的小规模私享在线课程（Small Private Online Course，SPOC）。[2]

与之不同，刑分课以知识性内容居多，而且，具体罪名之间的关联没有总论内容那样紧密，因此，更适合辅以《刑法学分论

---

〔1〕 持此观点的同学，在 A 批次受访者中占 61.94%，在 B 批次受访者中占 68.29%。

〔2〕 例如，可选择中国政法大学曾文科老师在中国大学 MOOC（慕课）暨国家精品课程在线学习平台开设的《刑法学总论专题》课程，对其进行"私享化"处理，课题组下一步的研究重点即在于此。

三十二问》或类似 MOOC 资源，引导学生以碎片化的方式，[1]
完成对课堂讲授知识的检验、深化与升华。

四、结语

诚然，法学高等教育应逐步完成由"大班课堂"向"小班课堂"的转化，但是，在高校扩招与法学本科扩招的大背景下，现阶段中国政法大学乃至全国各类高校的法学专业均不得不以大班或超大班规模展开本科专业必修课的教学活动。本研究报告以解决带有普遍性、紧迫性的现实困难为核心，形成的多维互动教学模式改革方案并非"纸上谈兵"，而是指向一线教学最迫切的需要。

此外，本研究报告对拓宽多维互动式教学模式的应用范围也有所助益，以刑法专业必修课为抓手，打破"多维互动＝小班课堂＝非专业主干课课堂"的定式思维，推进以知识升华为功能定位的本科刑法专业必修课 MOOC 建设。同时，贯彻多维互动教学模式在刑总课和刑分课中的差异化展开，尝试将 MOOC 与 SPOC 的混合式教学适用于本科刑总课堂。

附件 1：问卷样卷

1. 授课过程中，是否存在很容易的知识点却花了大量不必要的时间来讲解的情形？

2. 授课过程中，是否存在很难理解的知识点却未深入讲解或讲解后仍然不知所云的情形？

---

〔1〕 关于"MOOC 适合碎片化学习"的观点，参见苏小红等：《基于 MOOC＋SPOC 的混合式教学的探索与实践》，载《中国大学教学》2015 年第 7 期。

3. 你更喜欢的讲授模式是（   ）？

A. 艰深问题深入讲解，其他问题一带而过

B. 所有问题面面俱到，但不做深入扩展

C. 其他（请写明：   ）

4. 你更喜欢的课前预习模式是（   ）？

A. 不喜欢课前预习，因为预习后对知识点的好奇心会明显降低

B. 不喜欢课前预习，因为预习后可能听课时无法集中注意力

C. 教师提前发布课件，根据课件预习

D. 教师提前发布授课大纲，根据大纲预习

E. 通过阅读指定教材进行预习

F. 其他（请写明：   ）

5. 你更喜欢的课后答疑方式是（   ）？【可多选】

A. 每周指定一个时间段在教师办公室面对面答疑

B. 下课后在教室面对面答疑

C. 微信群、公共邮箱等线上交流群内答疑

D. 给教师发邮件、发短信提问

E. 其他（请写明：   ）

6. 你个人感觉，什么因素会成为师生交流的障碍？

7. 你所上过的课程中，是否有教师使用过爱课程、学习通、法大云盘、毕博平台等智慧教学手段？

如有，请标注课程名、具体手段及大约的选课人数。

8. 你觉得第 7 题中的智慧教学手段能否有效提升学习效果（   ）？

A. 能（请写明你最喜欢的智慧教学手段：   ）

B. 不能，它们只是起到辅助作用

C. 不能，智慧教学手段只是花架子，"中看不中用"

D. 不一定，要根据课程性质、规模

9. 你认为师生教学互动的重点环节应落在（　　）？

A. 课前　B. 授课过程中　C. 课后　D. 其他（请写明：　）

10. 你认为刑法学专业课（超）大班授课模式的弊端是（　　）？【可多选】

A. 影响教师的讲课效果

B. 影响师生之间的课堂交流互动

C. 教师课后没有时间进行个别辅导

D. 教师不愿意布置课后作业

E. 学生被提问的机会少

F. 其他（请写明：　　　　　　）

商法方向硕士研究生培养模式的探索与创新[*]

◎赵 吟[**]

摘 要： 以传统政法院校五院四系和重庆地区相关高校的商法方向硕士研究生培养方案为分析对象，现有的培养模式普遍存在商法导向性目标缺乏、理论与实践课程设置失衡以及课上课下评价机制割裂等问题。域外商法人才培养模式的有益经验值得我国借鉴。在结合本土实际情况的基础上，具体的优化可以通过定位培养目标、均衡课程设置以及完善评价机制等路径实现，侧重情景式的方案设计，以契合创新型、复合型、应用型商法人才培养的需求。

———————————

* 基金项目：重庆市研究生教育教学改革研究项目"商法方向硕士研究生情景式培养模式研究"（项目编号：yjg193040）、西南政法大学研究生教育教学改革研究项目（项目编号：yjg201813）。

** 赵吟，西南政法大学民商法学院副教授，法学博士，人工智能法律研究院金融科技法律研究中心主任，主要研究方向：商法学。感谢陈红信、潘梦雨、陈丽萍、胡冰四位硕士研究生在资料搜集、调研等方面为本文付出的辛勤工作。

关键词： 商法　硕士研究生　培养模式　情景式

2018 年 9 月 10 日，习总书记在全国教育大会上强调，要提升教育服务经济社会发展能力，推进产学研协同创新，积极投身实施创新驱动发展战略，着重培养创新型、复合型、应用型人才。[1] 2019 年 2 月 26 日发布的《教育部办公厅关于进一步规范和加强研究生培养管理的通知》（教研厅〔2019〕1 号）指出，国务院学位委员会、教育部进一步优化学术型与应用型人才培养结构，委托国务院学位委员会学科评议组等专家组织及时修订不同学位不同类型研究生的学位基本要求，进一步完善优化研究生培养指导性方案，深化研究生培养制度改革。[2] 习总书记就研究生教育工作作出重要指示强调，要深入推进学科专业调整，完善人才培养体系，培养造就大批德才兼备的高层次人才。李克强总理作出批示指出，要深化研究生培养模式改革，进一步优化考试招生制度、学科课程设置，促进科教融合和产教融合，加强国际合作，着力增强研究生实践能力、创新能力。[3] 本文的研究对象立足于五院四系及重庆地区高校有关商法方向硕士研究生的培养方案，旨在及时追踪商法方向硕士研究生培养的新动态，助

---

〔1〕《坚持中国特色社会主义教育发展道路 培养德智体美劳全面发展的社会主义建设者和接班人》，载中华人民共和国教育部官网：http://www.moe.gov.cn/jyb_xwfb/s6052/moe_838/201809/t20180910_348145.html，最后访问日期：2019 年 12 与 24 日。

〔2〕《教育部办公厅关于进一步规范和加强研究生培养管理的通知》，载中华人民共和国教育部官网：http://www.moe.gov.cn/srcsite/A22/moe_826/201904/t20190412_377698.html，最后访问日期：2019 年 12 月 24 日。

〔3〕《适应党和国家事业发展需要 培养造就大批德才兼备的高层次人才》，载中华人民共和国教育部官网：http://www.moe.gov.cn/jyb_xwfb/s6052/moe_838/202007/t20200729_475754.html，最后访问日期：2020 年 8 月 22 日。

推我国商法方向硕士研究生培养的改革，通过系统梳理商法方向硕士研究生培养存在的问题，结合商法特质和国内外商法硕士研究生培养的有益经验，为商法方向硕士研究生培养模式的创新提供可借鉴的具体路径。

一、实证调研情况介绍

为充分了解我国当前高校商法方向硕士研究生培养的总体情况，课题组收集和梳理了大量相关文献，综合采用实地走访、电话访谈、微信等调研方式，整理并横向比较重庆地区相关高校[1]及我国传统政法院校五院四系[2]包含法学硕士、法本法律硕士和非法本法律硕士在内的三类商法方向硕士研究生的培养方案，分别从培养归属、培养目标、课程设置和评价机制四个方面分析商法方向硕士研究生培养的现状。

首先，针对商法方向硕士研究生培养的归属。在法学硕士类型上，除了北大法学院单独设立了法学（商法）的二级学科招生科目外，其余院校均未单列商法进行招生。大多数院校将商法方向的培养归属于民商法学二级学科，但也存在少数院校（如华东政法大学和中南财经政法大学）将其列于经济法二级学科之下，因此各高校对商法方向法学硕士的培养方案基本套用了相应二级学科的培养方案。对于法律硕士的培养归属，西南政法大学、华东政法大学、西北政法大学区分了不同方向进行培养，但都只细

---

〔1〕 重庆地区除了西南政法大学外，具有培养商法方向硕士研究生资格的高校为重庆大学和西南大学。

〔2〕 传统政法院校五院四系包括华东政法大学、西北政法大学、西南政法大学、中国政法大学、中南财经政法大学和北京大学法学院、吉林大学法学院、武汉大学法学院、中国人民大学法学院，以上排名不分先后。

分到民商法实务方向，没有精确到商法方向。除此之外，其他院校都是将所有的法律硕士进行集中培养。

其次，对于商法方向硕士研究生的培养目标。各高校对于商法法学硕士大体上从政治思想、专业知识、外语能力、学术研究以及实务操作能力五个方面制定培养目标。其中重庆大学对商法法学硕士的规定相对详尽，其他院校的培养目标趋同，但整体上缺乏商法复合性，针对性较弱。法律硕士的培养目标则大多定位于培养适应社会主义市场经济和社会主义法治国家需要的复合型、实用型高级法律人才。

再次，关于商法方向硕士研究生的课程安排。对于法学硕士，各高校对应修总学分和具体内容的要求均存在差异：重庆大学规定的应修最低总学分为44学分，由必修课14学分、选修课12学分、其他培养环节3学分和学位论文工作15学分构成。西南大学规定的应修总学分至少为37学分，包括必修课23学分、必修环节4学分和选修课不低于10学分，其中必修环节体现为参加学术活动（至少5次）和实践活动，同时硬性规定了专业选修课必须修满10学分。西南政法大学规定的毕业前总学分为37学分，由必修课24学分、选修课10学分和专业实习3学分组成。中国政法大学规定的总学分不低于37学分，由必修课21学分、选修课10学分和其他培养环节6学分组成，其中其他培养环节包含文献阅读与综述、科研环节、社会实践和课题研究，每部分2学分。华东政法大学规定的应修最低总学分为58学分，由学位课程21学分、必修课14学分、选修课程10学分、科研学分（发表期刊）5学分、学术讲座（至少15场，每5场1学分）3学分和实践学分5学分组成。其余院校的总学分在30学分~40学分左右，几乎全部由课程组成，实践学分微乎其微。绝大多数学分需要通过传统课程方式获得，学分结构单一，开设的课程内容过于宽泛。但值得一提的是，中国政法大学和华东政法大学在其他必修培养环节上体现出了法学硕士的学术性特点，一定程度上值得学习和借鉴。对于法律硕士的课程安排，进行集中统一培养的高校课程设置较宽泛，区分了民商法方向法律硕士的高校开设的课程相对具有针对性。

最后，有关商法方向硕士研究生的评价机制。各高校对法学硕士的考核方式主要包括中期考核和学位论文两种形式，其中课程考核包含在中期考核内，采取必修课考试的方式和选修课考查的方式。值得注意的是课程考核中平时成绩由于传统灌输式讲授、教学班级规模较大、教师缺乏协调等原因导致其认定较为片面，课上课下无法形成配套循环培养机制，使得培养模式缺乏情景化、一体化。

二、商法方向硕士研究生培养模式的现状检视

商法是一门实践性很强的学科，商法领域硕士研究生的培养模式为我国输送了一批批优秀的法律人才，但结合商法自身的特性和社会的需要，现有的培养模式显得力不从心，主要存在以下问题：

（一）商法导向性培养目标的缺乏

商法是一门注重实践操作和应用的法学学科，商事关系的营业性决定了商法学应用性的属性。[1] 商事活动最初产生于航海

---

〔1〕 参见胡利玲：《美国的法学教育及其启示——兼论我国商法教学的改革》，载《中国大学教学》2009年第9期。

贸易，包罗万象。尤其是在经济全球化的背景下，商法更加凸显跨学科复合性和国际性的特征。[1] 然而，可能由于商法不属于二级学科科目，且招生人数较少的原因[2]，各高校对法学硕士或法律硕士（法学和非法学）普遍没有单独制定商法方向的具体培养方案，以该方向所属的二级学科统领，使得培养目标整体定位不清晰，无法体现商法实践性和复合性导向的人才培养特点。即使对于具有其他学科知识背景的法律硕士（非法学）研究生而言，如果培养目标仅从宏观的角度进行指导，则较难深入地将法学与其他学科之间进行专业知识融合，导致所谓的复合型人才培养浮于表面，一定程度上既无法发挥该类研究生所具备的其他学科优势，又无法使其在法学专业上与具备完整法学体系训练的法科学生相媲美，这也是法律硕士（非法学）研究生一直以来处于尴尬境地的原因之一。

（二）理论与实践课程设置的失衡

首先，各高校的课程整体结构呈现单一化的特点，传统理论课程几乎占领了总学分的全部，压缩了实践培养环节的生存空间，从而导致两者比例失衡，缺乏商事法律实务的环境。对于偏重学术性的法学硕士而言，除了中国政法大学和华东政法大学在其他培养环节设置了学术性实践活动的学分规定外，其余院校普遍采取了传统理论授课的形式，结构上与本科教育模式相差不大。此外，就强调实务性的法律硕士（法学和非法学）而言，各

---

〔1〕　参见王立国：《商法学课程教学改革与创新研究》，载《吉林省教育学院学报》2017 年第 5 期。
〔2〕　例如，重庆地区各高校近三年招生情况：重庆大学全日制法学硕士招生情况：2019 年 45 人，2018 年 40 人，2017 年 43 人。西南大学全日制法学硕士招生情况：2019 年 40 人，2018 年 40 人，2017 年 40 人。西南政法大学商法方向全日制法学硕士招生情况：2019 年 40 人，2018 年 40 人，2017 年 38 人。

院校几乎清一色地采取了传统理论授课的方式，实践活动学分少之又少。[1] 尽管传统课程有利于向学生传授专业知识，但由于缺乏互动性使得创新教学方法成为目前教学改革的关键。[2] 如果教学方式以讲授式和专题式为主，极易出现"教师满堂灌、学生被动听"的情形，这也使得研究生的培育效果大打折扣。[3] 以特色政法院校西南政法大学为例，法学专业招生规模远远大于综合性大学，这使得很多基础课程都采用大班教学的模式，课堂上常出现全程零互动、填鸭式教学的情形。即使存在实务训练的课程，通常仅采用案例分析的方式，存在为了法条而找案例以及案情失真的弊端，难以全方位培养法律硕士综合分析和解决商事法律实务的能力。

其次，着眼于传统理论课程的具体内容，法学基础必修课与商法专业选修课的搭配是常见的组合。总体而言，基于法学一级学科或所属二级学科的考虑，各院校开设的基础必修课在有限的学分内占有绝大部分比例，排挤了商法专业和交叉学科课程的位置，进一步导致了培养方案的商法专业性无法凸显的问题。例如中国人民大学民商法法学硕士培养方案只在专业选修课中列明了商法、公司法、证券法和保险法的课程；中国政法大学对民商法硕士统一规定了公司法这一门学位专业必修课，并在专业限选课中列明了证券法、商法、破产法与重整法以及票据法与保险法的

---

〔1〕 参见梁德东等：《我国法律硕士培养存在的问题与对策研究——以吉林大学法律硕士培养模式改革为例》，载《高教研究与实践》2016 年第 4 期。

〔2〕 参见葛琳：《创新法治人才培养机制下的商法教学模式改革研究》，载《福建教育学院学报》2018 年第 10 期。

〔3〕 参见马齐林、简怡倩：《"一流学科"背景下商法教学改革研究——以体验式教学为切入点》，载黄进主编：《中国法学教育研究》（2019 年第 2 辑），中国政法大学出版社 2019 年版。

课程。由于大多商法课程为学分较少的选修课，没有硬性要求商
法方向的硕士研究生完成，当学生没有选择这些选修课程时，与
民商法其他方向的培养方案即无太大差异，因此培养的效果也不
甚理想。这一问题在法律硕士的培养中更为凸显，究其原因在于
法律硕士培养的方向性不明显，能够修完相关法学核心课程已不
轻松，更何谈商法专业和交叉学科课程。

（三）课上与课下评价机制的割裂

各院校的课程大多采取必修课闭卷考试、选修课论文考查的
考核方式，整体倾向于专业理论知识的单维度考核，缺乏对实践
应用能力的考查。虽然平时成绩按一定比例折算进最终成绩，但
往往通过日常考勤点名或临近期末的作业给出，没有与平时课堂
的教学内容形成配套动态评价机制，造成课上与课下相互割裂的
局面，不符合多元化、全方位评价的科学性，偏离商法硕士实践
能力、创新能力方面的培养目标。实践中突出的表现为：一方
面，个别院校授课班级的人数规模偏大，教师通常采用传统讲授
式方法讲授更偏重理论探讨的内容，这使得课程中师生互动非常
少，教师难以掌握每一个学生的平时表现；另一方面，现有的专
题式课程由多位老师共同讲授，常出现临近期末时最后接力的教
师为了评定平时成绩而临时布置课程作业，导致学生在准备期末
考试的同时面临着多门课程作业，疲于应付，提交的作业质量也
因此参差不齐。

三、商法方向硕士研究生培养模式的经验借鉴

人才竞争是目前国家之间竞争的核心。商法作为调整商事活
动的规范，是现代市场经济的基本法，与经济社会的持续发展息

息相关。域外商法人才培养模式的有益经验，能够为我国商法方向硕士研究生的培养提供借鉴思路，进而结合本土情况走出特色道路。

（一）培养目标的复合性

在英美法系，英国法学研究生教育主要分为授课型研究生（Taught Master Degree）与研究型研究生（Postgraduate Research Degree）两种类型，均强调学术能力的培养，前者专注于特色复合人才的培养，例如牛津大学的法金融学硕士 MLF（MSc in law and Finance）[1]，后者则有更高的学术性考核要求。美国的法学教育属于学士后教育，即本科不设法学专业。类似于我国研究生阶段的法学教育主要有法律博士（Juris Doctor，简称 JD）[2] 和法学硕士学位（Master of Laws，简称 LLM）。[3] 对于 JD，美国法学院推崇以职业为导向，强调要"像律师一样思考"，其中存在 JD/MBA 联合双学位和 MBL（Master of Business Law）两种类似于商法硕士培养的情形，致力于培养商法律师或从事商业法律的人员，注重培养学生能有效地结合商业知识分析商事法律实务问题的能力。[4] 商事领域 LLM 的培养目标在于提供商事特定领域的知识和训练。但由于 LLM 并非美国从事法律职业必备的学位，故

---

〔1〕 参见牛津大学法学院，https：//www. law. ox. ac. uk/admissions/postgraduate/master-science-law-and-finance，最后访问日期：2019 年 12 月 22 日。

〔2〕 法律博士，美国法学教育的初级法律学位，学制为三年，与我国博士概念存在差异。

〔3〕 参见肖宝兴：《中美法学研究生教育比较——以密歇根大学为例》，载《中国法学教育研究》2012 年第 1 期。

〔4〕 See Evan A. Peterson etal. , "Law School-Business School Collaboration: An Examination of Interdisciplinary Courses in JD/MBA Programs", *Atlantic Law Journal* 18 , 2016, p. 21.

相较 JD 而言其在美国本土不是太受欢迎。[1]

　　在大陆法系，德国的法学教育主要分为传统类型和 LLM 学位，没有单设法学硕士研究生。传统类型的法学教育主要采取 6 年学制，以国家法律职业资格考试（Staatsexam）为方向，没有细分方向，类似于中国的本硕连读，致力于培养具有全方位工作能力的法律人即完全法律人（Volljurist），近年的培养目标从培养法官逐渐转变为培养律师。[2] LLM 则更多针对国外学生或非法本学生，是对美国 LLM 模式的借鉴。[3] 日本研究生教育主要由法学部和法科大学院负责，前者的目的在于培养法学研究人才，向高等院校输送法学教育人才。后者则是借鉴美国法学院而设立的结果，主要为培养法曹实务性人才，但并不以法学院本科为前提，没有细分专业方向。[4]

（二）教学方式的多样化

　　英国主要采用研讨（Seminar）、导师辅导（Tutorial）、讲座（Lecture）三种课程形式，在课程教学中适用案例研究法（Case method）、苏格拉底教学法（Socratic method）、诊所教学法（Clinical method）等方法。[5] 在美国，传统的教学方法主要存在兰德尔案例教学法（Langdell case method）、苏格拉底教学法、诊

---

〔1〕　参见李晓辉：《美国 LL. M 教育的发展及其启示》，载《中国法学教育研究》2011 年第 4 期。

〔2〕　参见田士永：《法治人才法治化培养的德国经验》，载《中国政法大学学报》2017 年第 4 期。

〔3〕　参见彭海青：《21 世纪以来中德法学教育实践性导向改革的比较与相互启示》，载《法学教育研究》2018 年第 1 期。

〔4〕　参见李响：《日本法学教育改革之得失与经验借鉴》，载《上海政法学院学报》2014 年第 5 期。

〔5〕　参见张艳：《英国法学教育方法透视与借鉴》，载《西北人文科学评论》2014 年第 00 期。

所教学法、小组讨论法（Small group discussion）以及角色扮演
（Role-playing）。但随着法学院面临的挑战，传统的教学方法难
以建立理论与实践的沟通桥梁，亟需革新。商法教师可以采用交
易解构法（Deal deconstruction）或案例研究与模拟法（Case stud-
ies and case simulations）两种教学方法。交易解构法旨在培养学
生对商事交易的各部分进行解剖、分析和质疑的能力，从法律和
财务的角度来分析交易双方当事人的做法，是对商事交易的事后
分析。案例研究与模拟法主要借鉴商学院的教学方法，只给出案
件材料和数据，由学生自行归纳案件的问题和焦点，使学生感受
交易和与其相关的诉讼的不确定性和情境，是对商事交易的事前
分析。[1] 例如，哈佛法学院采用法官、律师、公司高管等实务
精英与学院教授联合讲授合并收购与分立课程，或者与商学院联
合开设公司治理课程，或者将学生分组模拟谈判与交易等。[2]

德国主要采用大课讲授（Vorlesung）、专题研究报告（Sem-
inare）、练习课（Übungen）和初学者学习小组（Arbeitsgemein-
schaften fuer Erstsemester）等教学方式。[3] 日本东京大学主要采
用了小班讨论课、研究会和案例法的教学方式，在教学的过程中
贯彻学生主体自主学习理念，注重双向或多向信息沟通交流。[4]

（三）教学内容的扩展性

英国基于注重培养研究生学术能力的传统，教学上追求内容

---

〔1〕　See Michelle M. Harner and Robert J. Rhee, "Deal Deconstructions, Case Studies, and Case Simulations: Toward Practice Readiness with New Pedagogies in Teaching Business and Transactional Law", *American University Business Law Review* 3, 2018, p. 81.

〔2〕　参见哈佛法学院，https://today.law.harvard.edu/feature/bridging-theory-and-practice-in-corporate-law/，最后访问日期：2019 年 12 月 22 日。

〔3〕　参见杜晓明：《德国法学教育简介》，载《北航法律评论》2015 年第 0 期。

〔4〕　参见高庆凯：《日本东京大学法学研究生教育概观》，载《高等教育评论》2016 年第 1 期。

的深度以及与教师之间的互动交流性，由学生在学校提供的课程内根据学分进行选修。美国的 JD/MBA 和 MBL 均强调了法律和商业知识的讲授。但相较于 MBL 而言，由于 JD/MBA 是法律博士和工商管理硕士双学位的授予，其所教授商业知识更深入，对学生的商业能力培养要求更高。而 MBL 则主要是讲授以商事交易活动为导向的商法知识和基础的商业知识。训练学生的基本计算能力以满足商事法律问题对计算的需求，例如通过利用证券的方法来起草反稀释条款，分析公司并购过程中复杂的财务数据，等等。培养学生的领导力、职业道德和团结合作能力，同时将学生置身于情景化环境中锻炼其解决问题的能力。法学院通过开设数学和电子表格的集训营为学生学习会计、金融和经济打牢基础，学生除了学习核心的商业法律课程之外，还需要学习公司财务、管理经济学、商务沟通、诉讼与管理等基础商业课程。[1]

德国法学生需要学习民法、刑法、公法和程序法等必修专业课程，其中贸易法和公司法一般被列入专业重点，供学生选择学习。此外，德国的法学教育注重培养学生的谈判、口才等关键技能和外语能力，存在口试的考核形式和必须选修法律外语课的硬性要求。[2] 日本研究生课程普遍重视比较法人才的培养，例如早稻田大学商法课程中比较法占比较高。[3] 以实务性为导向的日本法科大学院课程主要包含三类：一是民法、刑法等《六法全书》的法学基本课程；二是旨在培养学生实践应用能力的法律演

〔1〕　See Robert J. Rhee, "Specialization in Law and Business: A Proposal for A JD / MBL Curriculum", *Chapman Law Review*17, 2013, 37.
〔2〕　参见来汉瑞、陈颖：《以应用型人才培养为导向的德国法学教育——关于加大应用科学大学参与度的倡议》，载《应用型高等教育研究》2017 年第 4 期。
〔3〕　参见陈景善：《日本的法学教育改革与人才培养模式》，载《中国政法大学学报》2017 年第 4 期。

习及实务能力训练课程；三是意在培养学生运用法律思维分析新兴问题的前沿课程。[1]

（四）评价机制的立体化

在英美法系，英国除了平时课堂作业外，一般需要学生提交一篇高质量的学术论文。美国不存在研究型法学院的说法，美国社会对法学院排名的标准，主要从教学水平、生源质量、就业比例和教学资源四个方面去评判，这种评价机制迫使美国法学院尽最大努力为学生提供综合的课程体系和多元化的资源配置，同时也对学生的学习情况提出了严苛的要求，施加了沉重的成绩压力。[2] 以耶鲁法学院为例，针对具有鲜明职业性特征的 JD，要求其在毕业前修完加总后至少 64 个学分且由法学院教师开设的课程，需要其满足一定的写作能力条件，但没有学位论文的硬性规定。

大陆法系中，基于德国二阶制的培养模式，学位的获得主要取决于国家考试是否通过，且参加国家考试的次数仅限于两次。其司法考试分为第一次国家考试和第二次国家考试，学生在高等学校学习完为期 4 年的基础教育后，可申请参加第一次国家考试。第一次考试成绩由两部分组成，成绩的 30% 是由学校组织的专业重点领域的考试来确定，剩余的 70% 则由国家组织的必修课程领域考试来确定。考试的形式包括笔试和口试，主要从学术角度考查学生分析案例的能力和理解、适用法律的能力，旨在为学生构建体系框架和思维模式。通过第一次国家考试意味着高等学

---

〔1〕 参见郝振江：《日本法科大学院制度的功能定位及对我国法律硕士教育的启示》，载《周口师范学院学报》2010 年第 4 期。

〔2〕 参见李响：《美国法学教育的人才培养机制及其借鉴》，载《学位与研究生教育》2019 年第 5 期。

校毕业考试，相当于博洛尼亚模式下的法学学士。当通过第一次国家考试后必须通过长达两年的分别在法院、检察院、行政机关和律所轮流见习的法律实习期考核（Referendariat），才能申请参加第二次国家考试。只有当两次考试均通过后，学生作为完全法律人才有资格从事法官、检察官、律师等法律职业。[1]

四、商法方向硕士研究生培养模式的优化路径

法学教育改革是当前我国面临的刻不容缓的任务。商法学具有明显区别于其他法学学科的特点，与之相对应的商法方向硕士研究生教育，亦面临现实的改革需求。探索商法方向硕士研究生培养模式的改革，在一定程度上进行适应经济社会发展客观要求的创新，无疑具有重要意义。具体的优化路径虽不能达到一步到位的改革效果，但至少可以使不同类型的商法方向硕士研究生的培养更加贴近实际需求。

（一）定位商法导向性培养目标

随着我国经济社会发展的需要，法商复合型人才是创新和发展我国高等教育的重要方向。[2] 跨学科思维和实践能力的培养成为商法方向硕士研究生培养的首要目标。这一目标既要考虑商法的特性又要遵循商法学科的特点：一方面，基于商法应用性、技术性等特性，商法理念的培养和训练是关键；另一方面，尊重商法学的学科特点，理解和掌握商法学的基本法律原理，培养解决实务问题的能力，促使学生能够对商事规范中的各种具体规则

---

〔1〕　参见张陈果：《德国法学教育的特色与新动向》，载《人民法治》2018 年第 18 期。
〔2〕　参见王霆：《美国 JD／MBA 法商复合型人才培养模式及其启示》，载《高教探索》2017 年第 2 期。

融会贯通，更好地迎合社会对商事法律人才的能力需求。[1] 同时，在经济全球化的背景下，以商事交易关系为调整对象的商法之国际化特征愈发显著，扩展国际视野也是培养目标中不可或缺的一部分。

总体而言，对于商法硕士研究生的培养目标：首先，定位在复合型商法高级人才层面。这既体现了商法复合性的特点，又对硕士研究生的培养水平提出了较高的要求。其次，目标应当凸显实践应用性和国际化的特点。最终的落脚点在于学生经过研究生阶段能够利用已掌握的商法理论知识和技能来解决商事实践法律问题。[2] 最后，各院校应当结合自身的优势，结合本校资源探索特色商法高级人才的培养，鼓励导师和学生在已有培养方案的基础上因地制宜，促进培养目标的预期实现。

在此框架下，针对法学硕士、法律硕士（法学）和法律硕士（非法学）三类应根据其特点进行培养目标的细化。基于法学硕士的学术性，培养目标应当强调学术研究能力，但需要兼顾实践能力，可以尝试表述为："致力于培育德才兼备，身心健康，正确认识中国特色社会主义法律体系，树立正确的学术、职业道德观，具备创新精神和商事多学科交叉思维，系统掌握公司法、证券法、保险法等商事规范，能够独立从事商法学术研究及具备一定商事实践能力的复合型商法高级人才。具体要求：①树立正确的道德价值观，具有扎实的法学理论基础，在系统掌握商事规范的前提下适当具备基本商业知识和基本计算能力，具备商事跨学

---

〔1〕 参见胡利玲：《论商法教学的目标及其实现》，载《创新创业理论研究与实践》2019 年第 14 期。

〔2〕 参见张丽娟、孙崇宁：《美国犹他州立大学商法课程案例教学模式的应用与启示》，载《东北电力大学学报》2012 年第 5 期。

科交叉思维；②较为熟练地掌握一门外语，能顺利阅读、收集和使用本专业的外文资料；③富有创新精神和问题意识，具备严谨的学术态度和学术研究的能力，能够独立承担商法理论研究工作；④树立正确的职业道德精神，理论指导实践，能独立从事商事法律实务工作。"与此不同，法律硕士的实务性使得其培养目标致力于为立法、司法、行政执法和法律服务以及各行业领域培养德才兼备的高层次的复合型、应用型法治人才。[1]考虑到法律硕士（非法本）跨学科的背景，培养目标应当对其跨学科思维的掌握提出较高水平的要求，美国法律博士（JD）的培养模式在一定程度上值得借鉴。

（二）均衡理论与实践课程设置

商法方向硕士研究生的培养离不开适当比重的商法课程学习。由于商事规则的技术性和商事法律关系的复杂性，商法所调整的范围往往牵涉多领域的知识。因而，需要在商法课程中增设跨学科课程，以期培养学生在多学科视野下解决商事法律问题的能力。但这并不意味着基础法学理论课程的偏废，研究生通过学习法学基础理论，可以奠定扎实的理论功底，从而避免局限于以商法的角度片面地看待具体法律问题的短板。由于法律思维秩序性、规范性和刚性与商事思维创新性、逐利性和权衡性的差异，课程内容更应该以发散思维与培养创新精神为导向，重点锻炼研究生的思维逻辑，培养研究创新精神。此外，商法法律人才的培

---

〔1〕　参见张秀峰、高益民：《美国法学教育中专业学位与学术学位人才培养模式比较研究——以耶鲁大学法学院法律博士和法学博士培养为例》，载《学位与研究生教育》2015年第9期。

养还应当具有时代性，涵盖商法领域中的时代前沿问题。[1] 例如，在大数据时代下高等院校可以基于培养学生分析数据能力的目的而开设相关数据编程课程，辅助应对当前智能投顾、区块链等商法新兴问题的研究。[2]

具体而言，首先，合理安排学分结构，提升实践活动的学分比例。总学分可以由基本课程、其他必修培养环节两部分组成。其他必修培养环节可以参考中国政法大学[3]和华东政法大学[4]的模式，包括但不限于学术活动（学术讲座、期刊发表、课题研究等）、社会实践（专业实习、社会调查、助教教学等）和文献阅读与综述（撰写读书报告或联合图书馆搭建电子化平台）。各部分的学分比例需要各高校根据自身资源和实际情况来具体确定，不同类型的商法方向硕士研究生的相应侧重应有所不同。其次，优化基本课程的具体内容。适当降低法学基础课程课时，并相应提高商法相关课时。由于商事规范涉及多学科多领域知识，应当适当增加经济学、管理学、金融学等相关联和发散性知识及

---

〔1〕 参见袁利平、武星棋：《英国法学教育改革：一种历史与比较的视角》，载《法学教育研究》2018 年第 2 期。

〔2〕 参见王渊、吴双全：《"互联网+"时代法学教育变革研究》，载《高教探索》2019 年第 7 期。

〔3〕 中国政法大学民商法（商法方向）的培养方案中，总学分不低于 31 学分。其中，其他培养环节占 6 学分，包含 4 项：①文献阅读与综述（导师考核，2 学分），硕士研究生第 1 学期至第 4 学期，每学期精读专著不少于 2 本，具体书目由导师指定，可以通过读书报告或书评形式考核；②科研环节（导师考核），第 1 学期至第 4 学期，每学期应提交学期论文 1 篇，每篇不少于 5000 字，其中，第 1 学期、第 3 学期的学期论文可以以读书报告的形式提交，报告篇幅不少于 3000 字；③社会实践（导师考核），应参加为期不少于 2 个月的社会实践。社会实践可以通过专业实习、挂职锻炼、产学研基地联合培养和社会调查等走入社会的方式进行；④课题研究（导师考核）。

〔4〕 华东政法大学经济法（商法方向）的培养方案中，总学分不低于 58 学分。其中，学术实践活动占 13 学分具体为科研学分（发表期刊）5 学分，学术讲座（至少 15 场，每 5 场 1 学分）3 学分，实践学分 5 学分。

应用性较强的课程。[1] 提高商法课程在专业必修课上的比例，并提供一定范围的商法分论（如证券法专题、保险法专题、票据法专题、破产法专题、信托法专题等）及跨学科专题（公司财务与法律专题等）专业选修课程供学生选择。

　　以西南政法大学为例，针对商法法学硕士的培养，在保持 3 年基本学年和 37 学分应修总学分不变的情况下，其学分的组成部分可进行如下优化：基本课程（29 学分）、其他必修培养环节（8 学分）。基本课程中公共必修课（7 学分）保持现状，专业必修课的学分从 17 学分降为 14 学分，具体课程包含民商法方法论（2 学分）、民法专题（4 学分）、商法总论（4 学分）、公司法专题（2 学分）、法经济学（2 学分）。选修课的总学分仍然为 10 学分，其中 6 学分需要商法学术硕士选择商法相关课程来完成，这些课程包括但不限于证券法、保险法、票据法、破产法、信托法、公司财务与法律、上市与发行、综合商事诊所等，每门课程 1 学分；剩余 2 学分由学生自主选课。基本课程的具体开设模式可以利用慕课等平台进行，变革传统上课方式，通过大数据有痕持续追踪来克服传统课堂地理的局限，进而为实现商法硕士情景化培养提供辅助条件。其他必修培养环节分为文献阅读与综述（2 学分）、学术活动（4 学分，学术讲座 1 学分、课题研究 1 学分、期刊发表 2 学分）、社会实践（2 学分，专业实习、社会调查、助教教学等）。而法律硕士的课程可以包括但不限于证券法实务、保险法实务、破产法实务、票据法实务、信托法实务等必修课，利用本校的资源如商学院的教学资源，开设公司财务、管

―――――――――――

〔1〕　参见富新梅：《〈商法学〉课程应用型教学模式探索——以 Y 师范大学为例》，载《知识经济》2019 年第 27 期。

理经济学、商务沟通、诉讼与管理等基础商业课程，增强复合性思维能力的培养。同时可以考虑借鉴西北政法大学实践课程开展的经验，采取法律诊所式培养方式，营造真实的商事法律情景，锻炼学生应对突发情况和处理陌生商事法律事务的能力。

（三）构建科学联动评价机制

评价机制总体呈现出多元化和动态化的特点。多元化的评价机制至少体现在三个方面：一是评价主体除了教师外，可以吸纳业内专业人士、相关活动主办方等多主体的参与。二是评价内容至少要包含商法基础理论知识和实践运用能力两方面。三是评价方法需要破除传统试卷和论文考核的定式，创新情景模拟等形式。[1] 动态化的评价机制要求课上课下持续性地追踪配合，形成良性循环评价体系。

评价机制的具体内容需要与教学方法相互支持。现有讨论较多的教学方法主要有诊所式教学、应用式教学、案例式教学、情景式教学、小组讨论式教学、法教义学教学、戏剧化教学。相较于案例教学，情景式教学不是简单地针对法条辅以案例来论证。该方式在课上通过引入创设情境、确定问题、自主学习、协作学习与效果评价的抛锚式教学，促进师生互动交流和学生积极参与，引导学生模拟公司运营实操；课下借助校企联动平台，邀请商法实务精英定期来校开展商事讲座和担任客座教授，并鼓励学生利用假期实习，从而形成相得益彰的教学循环。而法教义学教学和案例教学法均具有实践品性和重视规范主义法律思维，在商法教义学视角下采用案例教学法，坚持系统性和互动性的原则，

---

〔1〕 参见《【课堂】戏剧商法与教学创新 | 中南大学法学院王红霞课堂侧记》，载微信公众号"法学学术前沿"，最后访问日期：2019 年 12 月 23 日。

配合法律规范和案例，并创建系统一体化的案例库，课前要求学生研读案例材料，课中分组并启发学生多维度深层次把握，课后点评总结知识的体系化，从而保证讲授知识的一体化和连贯性，体现出评价机制的动态性。[1]

　　课上课下联动评价机制主要是设置特定情景使课上与课下的评价机制相互串联匹配，采用多元评价方式动态反馈学生的表现情况。其一，创新平时成绩的考核形式。课程作业可以采用前期资料搜集与整理、争议解决方案、合同起草、情景角色扮演情况等多种形式，但共同点在于模拟真实的商事交易情景训练学生的实践应用能力，需要根据具体的教学方式相互配合。例如，教师可以采用整个学期固定分组的方式，以小组为单位进行评分，由每组成员挖掘分析原始案件材料、确定角色扮演并提交教师点评前后的解决方案。[2] 以平时作业为桥梁使得学生的学习由课上延伸至课下，通过动态评价机制督促学生学习常态化。其二，改变期末成绩的评价方式。科学的评价机制应减少机械性知识的考核，一定程度上减少甚至取消期末纸质考试，将学生课后准备及作业转换为成绩的认定，既有助于日常课程的顺利开展，又能有效保证成绩考核的客观性和持续性。通过建立多元化评价标准来评估不同层次和类型的法律人才培养。[3] 对于法学硕士，教师可以将学生有关课程内容的论文发表或者课题参与折算成一定成绩，形成激励机制，督促学生自觉培养学术能力和散发性思维。

---

〔1〕　参见路艳娥：《商法教义学视角下案例教学法的运用》，载《高教学刊》2018 年第 23 期。

〔2〕　参见龚暄杰：《情景模拟教学法在法律谈判课程中的应用》，载《经济法论坛》2014 年第 2 期。

〔3〕　参见王晨光：《法学教育改革现状与宏观制度设计——日韩经验教训反思与中国改革刍议》，载《法学》2016 年第 8 期。

法律硕士在双导师机制的基础上，由校内、校外导师共同评价，有利于避免单一主体评价造成的不全面，促使评价更为公正合理。

新文科建设背景下的粤港澳大湾区法治人才培养：以学科交融为中心[*]

新文科建设背景下的粤港澳大湾区法治人才培养：以学科交融为中心 [*]

◎戴激涛 [**]

摘　要： 在新文科建设背景下，学科交融是培养粤港澳大湾区卓越法治人才的基本理念和重要途径。按照法学专业教学质量国家标准，法治人才必须满足知识、能力和素养三方面的要求，这都要求法学与其他学科的深度交融。基于学科交融这一视角，培养粤港澳大湾区法治建设所需要的卓越法治人才，首先应与时俱进更新培养目标，以培养具有湾区意识、致力于服务于湾区法治建设的高素质、高水平、高技能的卓越法治人才为目标，创新法治人才培养机制；其次应促进湾区法治人才

　＊　基金项目：2015 年度教育部哲学社会科学研究重大课题攻关项目"创新法治人才培养机制"（项目编号：15JZD008）；广东财经大学 2019 年学位与研究生教育改革研究项目"促进学科交叉融合的体制机制问题研究——以广东财经大学为例"（项目编号：2019YB13）。

　＊＊　戴激涛，广东财经大学法学院教授，法学博士，主要研究方向：法学教育、宪法学。

培养资源要素的自由流动，建立健全基于学科交融的法治人才合作培养体制机制；最后应在互学互鉴基础上完善湾区法治人才培养的多学科协同发展体系，充分发挥粤港澳三地法治人才培养的特色优势，为粤港澳大湾区的稳步发展提供坚实的法治人才保障。

关键词： 新文科建设 学科交融 粤港澳大湾区卓越法治人才 互学互鉴

一、新文科建设背景下的学科交融：粤港澳大湾区法治人才培养新理念

2020 年 11 月 3 日，由教育部新文科建设工作组主办的新文科建设工作会议在山东大学（威海）召开，发布《新文科建设宣言》，对新文科建设作出全面部署。教育部高校法学类专业教指委主任委员徐显明在教育部新文科建设工作会议上做主题发言，明确提出"新文科将是古今打通、文理打通、人文与社科打通、中与西打通、知与行打通的'五通文科'"。[1] 由此可见，新文科本身就蕴含了学科交融、学科重组的理念，客观要求通过学科交融实现文理科之间的互学互鉴、互促共进。"新文科代表着一种学科融合的趋势，是对长期以来的知识精细化、专业化和学科化分布的一次反正。"[2] 2018 年教育部、中央政法委发布《关于坚持德法兼修实施卓越法治人才教育培养计划 2.0 的意见》指

---

〔1〕 参见徐显明：《新文科建设与卓越法治人才培养》，载中华网：https://sd. china. com/jyzx/20000946/20201106/25371399_all. html，最后访问日期：2020 年 12 月 10 日。

〔2〕 冯果：《新理念与法学教育创新》，载《中国大学教学》2019 年第 10 期。

出："推进法学学科体系、学术体系、话语体系创新，鼓励高校组建跨专业、跨学科、跨学院教学团队，整合教学资源，积极探索新型教学模式，编写出版一批具有创新性、交叉性的教材，实现跨专业的师资交叉、资源共享、协同创新。"其中，学科交融作为"组建跨专业、跨学科、跨学院教学团队"的重要途径，为新文科建设背景下创新粤港澳大湾区法治人才培养机制提供了改革思路和发展方向。

在粤港澳建设国际一流湾区、打造世界级城市群，是习近平总书记亲自谋划、亲自部署、亲自推动的国家战略，培养湾区所需卓越法治人才是当前湾区法治建设面临的重大挑战，这也是实现湾区创新发展的智力支持和人才保障。"伴随经济全球化、文化多样化、治理多元化、信息现代化的迅猛发展，法学教育正呈现普及化、职业化、正规化、精英化、政治化、国际化的趋势，必须以国家和社会需求为第一信号，以交叉学科深度融合为第一取向，以适应全面深化改革新形势新任务。"[1] 作为"一国两制"事业的一部分，粤港澳大湾区建设是新时代推动形成全面开放新格局的新尝试，具有非同寻常的特殊性、复杂性和创新性。培养符合粤港澳大湾区法治建设所需法治人才，既要关注法学学科的性质特点及前沿问题，又要把握其他学科的组织方式、最新发展及研究动态，这是当前新文科建设内蕴的开放、合作、包容、共享精神的内在要求，也是在新发展格局下改革和创新法治人才培养机制的应有之义。"当今社会，知识更新换代加快，新事物层出不穷，法律职业也高度细分，高素质的法治人才不仅需

---

〔1〕 徐汉明：《创新法治人才培养机制》，载《学习时报》2017年3月29日，第A7版。

要广博的通识知识，更加需要从事一线法律行业所需要的专业知识，还需要法律和其他学科交叉的复合型学科知识背景和结构。"[1] 在当前新文科建设背景下，学科之间的发展其实是相互关联、相互促进的，每个学科都需要其他学科的支撑和滋养，不同学科之间的交叉融合亦会催生和形成新的学科。实践同样证明，学科发展的最新成果离不开学科交融，处于世界领先地位的前沿学科大多是学科交融的结果。具体说来，将学科交融作为培养粤港澳大湾区法治人才的新理念，具有如下两方面的重要价值：

一方面，学科交融有助于探索建立粤港澳大湾区法治人才培养的协同合作制度体系，优化湾区法治人才培养的资源配置，将粤港澳大湾区打造成为国家深化高等教育体制机制改革试验区。2020 年 12 月初，教育部、广东省人民政府联合印发《推进粤港澳大湾区高等教育合作发展规划》，明确提出要"突出互联互通，探索建立粤港澳大湾区高等教育协同发展体系，加强协同育人"。由此可见，探索建立粤港澳大湾区高等教育协同发展体系应当互联互通，加强学科交融以实现协同育人。这是因为，高等教育的协同发展本身需要各学科的融合发展，法学与其他学科的交叉融合既有助于开拓法学理论研究的新领域，"法学与其他知识，以及法学内部的知识融合，不仅会给法学研究带来新的生命力，也将对我国法学教育产生深远的影响"。[2] 同时，法学与其他学科的交叉融合还将促进我们从多角度思考和分析社会实践中的重大

---

〔1〕　叶青：《高等政法院校的责任与担当》，载《光明日报》2017 年 9 月 19 日，第 13 版。

〔2〕　王利明：《法学应当步入知识融合时代》，载《北京日报》2019 年 9 月 2 日，第 15 版。

复杂问题，因为实践中要解决的疑难问题常常是跨学科、跨领域的，很难通过单一学科有效解决。通过法学与其他学科的交叉融合，有助于促进法学与其他学科优势资源的互补，集中优势学科资源、整合各个学科资源以优化湾区法治人才培养的资源配置，从而为湾区法治人才培养提供坚实的协同合作平台。

另一方面，学科交融有助于形成内地与港澳法治人才培养新格局，不断创新湾区法治人才合作培养的体制机制，让港澳地区更好融入国家发展大局。新文科建设的基本精神就是重新，换言之，新文科建设要求法治人才培养应当与时俱进更新培养理念，完善教学内容，创新培养机制，改进教学方式方法。众所周知，粤港澳大湾区三地高等教育发展各具特色，为高等教育合作发展提供了广阔空间。在法治人才培养方面，尤其需要根据粤港澳大湾区法治建设对多元卓越法治人才的需要，彰显法治人才培养的特色化与多元化，"多元化是法学教育的表象，其内涵是不同的法学院办出自己的特色，多元化趋势就是特色化趋势。每一所法学院今后的发展，要体现出不同于其他法学院的独特品格或不可替代性与独有魅力，没有特色就没有多元化"。[1] 加强法学学科与其他学科的知识融合与方法交叉，有助于形成特色鲜明的"新兴交叉法学学科"与"跨专业、复合型、应用型、创新型"多元卓越法治人才培养机制，加快推进部门法、行业法与领域法的跨专业研究，这就为持续推进粤港澳大湾区法治人才培养的合作发展提供了重要途径，也是推动和促进内地与港澳在法治人才培养方面的协同合作的基本方式。

---

〔1〕 徐显明：《中国法学教育的五大发展趋势》，载《法制日报》2013 年 6 月 19 日，第 9 版。

二、学科交融是培养粤港澳大湾区法治人才的重要途径

2018 年 4 月，教育部高等学校法学类专业教学指导委员会发布《普通高等学校法学类本科专业教学质量国家标准》，明确了法学类专业人才培养应符合知识、能力与素质三个方面的基本要求。[1] 具体说来，法治人才在知识方面的要求是：了解人文社会科学和自然科学的基础知识，牢固掌握法学专业知识和基本理论，形成合理的整体性知识结构。在能力方面的要求是：具备独立自主地获取和更新与专业相关知识的学习能力；具备将所学理论知识灵活综合应用于实务之中的基本技能；具备利用创造性思维方法开展科学研究工作和创新创业实践的能力；具备较高的计算机操作能力和外语能力。在素质方面的要求是：热爱社会主义祖国，拥护中国共产党的领导，掌握中国特色社会主义理论体系，牢固树立正确的世界观、人生观、价值观；掌握法学类专业的思维方法和研究方法，具备良好的人文素养和科学素养；养成良好的道德品格、健全的职业人格、强烈的法律职业认同感，具有服务于建设社会主义法治国家的责任感和使命感；具备健康的心理和体魄。培养服务于粤港澳大湾区发展建设的法治人才，在法学教育过程中必然加强法学与其他学科的交融，方能有效解决湾区建设中出现的各种问题。考察湾区各高等院校的探索和实践，可以发现，基于学科交融培养粤港澳大湾区卓越法治人才的主要措施有：

第一，以课程内容和课程体系改革为着力点，促进法学与其

---

〔1〕 参见《普通高校法学本科专业教学质量国家标准发布》，载中国网：http://edu. china. com. cn/2018-04/10/content_50855831. htm，最后访问日期：2020 年 12 月 10 日。

他学科的交融，提高湾区法治人才培养课程建设的整体性与系统性。2019 年 9 月 29 日发布的《教育部关于深化本科教育教学改革全面提高人才培养质量的意见》指出，提高课程建设质量，应"立足经济社会发展需求和人才培养目标，优化公共课、专业基础课和专业课比例结构，加强课程体系整体设计，提高课程建设规划性、系统性"[1]，这有赖于法学学科与其他学科通过知识融合加强法治人才培养的课程体系建设，帮助学生形成合理的整体性知识结构以适应全面依法治国对法治人才的多元需求。粤港澳大湾区各高校在探索湾区法治人才培养的过程中，通过开设知识融合型通识课程，有助于法治人才形成复合型知识结构与综合知识体系，有助于实现湾区法治建设所需多元卓越法治人才的知识目标。

第二，以创新湾区法治人才培养机制为关键点，促进法学与其他学科的交融，提升湾区法治人才的专业技能和综合素养。"新文科教育，必须突出能力培养，特别是理论思维能力的培养。要坚持问题导向，着力培养学生捕捉和把握时代性问题的理论洞察力、分析和提炼时代性问题的理论概括力、阐述和论证时代性问题的理论思辨力、回答和解决时代性问题的理论思想力。"[2]卓越法治人才培养的能力目标要求应当是通过实践教学的训练，养成娴熟的法律职业技能、良好的行业素养及解决社会实践问题所要求的其他技能。粤港澳大湾区法治建设所需要的多元卓越法

---

〔1〕　参见《教育部关于深化本科教育教学改革全面提高人才培养质量的意见》，载中华人民共和国教育部官网：http://www.moe.gov.cn/srcsite/A08/s7056/201910/t20191 011_402759.html，最后访问日期：2020 年 12 月 10 日。

〔2〕　张胜等：《新文科"新"在哪儿？并非"科技+人文"那么简单》，载《光明日报》2019 年 7 月 23 日，第 8 版。

治人才不仅应当具备独立自主地获取和更新专业知识的学习能力，而且应当具备将法学专业知识技能与多元行业技能融会贯通的能力，具备良好的理论研究能力、法治实践能力和理性思辨能力等。这就有赖于法学与其他学科通过理论框架、研究方法和实训实践的交融实现对法治人才专业知识、行业技能与人文素养的培养。目前，湾区各高校在创新法治人才培养机制方面进行了积极探索，形成了不少有益经验。

第三，以湾区跨学科多元师资队伍建设为突破点，打造粤港澳大湾区复合型、创新型、卓越法治人才培养师资团队。"法律是一个非常庞大、复杂并且不断变化的职业，它要求它的学生不但要具有专业知识、专业技巧和技能，还必须要拥有共同的价值观并承担应有的责任，以此来证明这一职业持续地享有参与法律事务的惟一权利的正确性。"[1] 新时代卓越法治人才的职业素质之形成需要多学科、交互型师资团队的共同培养，需要不同学科的老师们对学生的人生观、世界观和价值观进行长期教育，培养学生的家国情怀、公民美德、理性判断能力和法律人的思维方式。"民主教育要着力于从诸多不同的视角出发教导人们理解和欣赏适用于所有人的自由与正义。存在着理解这些价值的诸多不同的方式，而且存在着诸多不同的自我界定，这些自我界定的重合点在于下述观念，即世界范围内的个体都有权利得到享有一种优良生活之必要条件的自由和机会，当然，这种优良生活要与自我的认同一致，与尊重其他个体的平等权利一致。民主教育欢迎

---

〔1〕　参见杨欣欣主编：《法学教育与诊所式教学方法》，法律出版社 2002 年版，第 67 页。

所有的自我界定，只要这种界定与追求所有人的自由和正义能相容。"[1] 质言之，跨学科的多元师资团队可以帮助学生更为宽泛地理解世界，开拓生活视野，激发学生的人文关怀与对现实问题的关切，从而为世界法治文明建设添砖加瓦。

三、粤港澳大湾区法治人才之养成：学科交融的实践路径

第一，通过学科交融建设"法学+"课程体系，为粤港澳大湾区法治人才奠定坚实的复合型理论框架和知识体系。"新文科的显著特征就是交叉融合，融合就是互动、创新和突破。推进新文科建设，关键就是要打破院系专业之间、学科之间、学科与社会之间的壁垒。"[2] 毋庸置疑，全面依法治国新时代所需法治人才必然是具有世界眼光、国际视野，具有国际交往能力、熟悉国际规则、善于处理国际法律事务，同时具有家国情怀的高素质法治人才。而且，在新的全球化时代，一个国家法学教育所承担的功能并不限于为主权国家的利益服务，它必须考虑经济全球化背景下超越国家利益的"世界公民"的需求，使法学院培养的法治人才具有全球化意识和思维方式，以适应未来法学教育的发展趋势。因此，湾区法治人才培养同样应围绕人文化、精英化、规范化、全球化目标展开，而通过学科交融建设"法学+"课程体系将成为推动法学教育改革发展与湾区法治人才培养的动力来源。

第二，以协同育人为中心整合各学科优势资源，为粤港澳大湾区法治人才培养提供各学科交叉融合的跨法域法治资源共享平

---

〔1〕 ［美］艾米·古特曼：《民主教育》，杨伟清译，译林出版社2010年版，第344页。

〔2〕 张胜等：《新文科"新"在哪儿？并非"科技+人文"那么简单》，载《光明日报》2019年7月23日，第8版。

台。根据建设粤港澳大湾区战略实施背景下所需复合型、应用型、创新型多元卓越法治人才培养的新趋势，面向湾区卓越法治人才培养目标，可重点围绕建设"湾区法治"课程资源数据库，分别构建"法学+经济学""法学+管理学""法学+会计学""法学+新闻学""法学+计算机""法学+医学""法学+外语""法学+工程学"等系列课程的资源数据库，实现湾区法治人才培养课程资源的开放共享。"创建世界水平的高等学校教材可选择以新兴学科、交叉学科教材为突破口"[1]，为此，还可通过各种激励机制鼓励湾区各高校教师合作开发建设跨学科、跨专业新兴交叉课程、编写法学与其他学科交叉的系列教材，形成特色鲜明的课程模块供学生自主修读，培养学生跨专业、跨学科、跨领域的知识融通能力和实践能力；鼓励不同高校间整合优势学科资源，形成湾区法治人才培养的资源共享平台与协同育人的体制机制。

第三，以湾区法治建设的实际需求为导向，推动多学科合作式实践教学模式改革，推动湾区法治人才培养目标和培养体系与湾区法治建设的高度契合。2020 年 12 月初，教育部、广东省人民政府联合印发的《推进粤港澳大湾区高等教育合作发展规划》明确指出："强化粤港澳高等教育优势互补，互利共赢。充分发挥粤港澳三地高等教育特色优势，在提高高校人才培养质量、促进科研成果转移转化、提升高等教育国际交流合作能力等方面各展所长，建立健全粤港澳大湾区高等教育合作发展体系。"要落实上述要求，就应鼓励高校与法治实务部门共建实践教学基地、法律职业训练平台、仿真实训平台等提升学生法治实践技能，以

---

〔1〕 张文显：《新时代高等学校教材的"中国特色"和"世界水平"》，载《教育研究》2020 年第 3 期。

适应湾区法治建设对各行业法治人才特别是跨法域高素质法治人才的需求。因此，面向湾区法治建设的实际需要，以问题为导向，基于学科交融推动多学科间的合作交流，加强法学与其他学科通过实践教学平台、仿真实训平台等实现深度融合，是创新湾区法治人才培养机制的重要内容。

第四，加强湾区卓越法治人才培养的顶层设计，注重吸收港澳高校的优秀教学资源与教学模式，建设跨专业、跨学科、跨院系的复合型师资队伍。在湾区法治人才培养过程中，可充分整合粤港澳高校的优秀师资打造高素质、复合型、多元化师资团队，构建起不同学科教师间的学术交流互学、互鉴的制度化平台，共同助力于粤港澳大湾区法治人才培养。为响应"一带一路"合作倡议，贯彻落实《粤港澳大湾区发展规划纲要》提出的战略要求，北京大学与香港大学本着"优势互补、共同发展、平等互惠"的原则，在法学领域开展了新型本科双学位项目合作。2019年2月20日，北京大学校长郝平与香港大学校长张翔分别代表两所大学正式签署法学本科双学位项目合作协议书，联合开设五年制本科法学双学位项目。该项目旨在探索法学教育海外合作新模式，为推进一国两制作为当代中国重大宪制实践，助力中国在国际政治经济新秩序中发挥更加积极作用，培养和输送通晓内地与海外法律的一流人才。[1] 创新湾区法治人才培养机制，使基于学科交融的高素质、复合型师资团队参与粤港澳大湾区法治人才培养全过程，从制定法治人才培养方案开始，到课程体系设计、教材编写、专业教学和社会实践，跨专业、跨学科、跨院系的复

---

〔1〕 车浩、朱煜琪：《北大港大强强携手 正式开展新型法学本科双学位项目合作》，载北京大学法学院官网：https://www.law.pku.edu.cn/xwzx/xwdt/90878.htm，最后访问日期：2020年12月10日。

合型师资团队是培养湾区法治人才的主力军。

第五，通过学科融合促进各高校的域内外交流合作，合力建设湾区卓越法治人才培养共同体。湾区各高校应进一步强化法治人才培养的互联互通的体制机制创新，强化粤港澳法治人才培养的优势互补，努力拓宽与国际高水平大学构建的全方位、多层次合作交流渠道。《粤港澳大湾区发展规划纲要》明确提出："支持粤港澳高校合作办学，鼓励联合共建优势学科、实验室和研究中心。充分发挥粤港澳高校联盟的作用，鼓励三地高校探索开展相互承认特定课程学分、实施更灵活的交换生安排、科研成果分享转化等方面的合作交流。"大致说来，各高校探索融合境内外教学资源的主要途径有：与境外法学院校、国际组织、知名跨国公司及公益机构等签署合作交流协议，构建国际学术合作平台和关系框架，内容涉及学术交流、课题研究、项目合作、教材编写、交换学生、攻读学位等；专门设立"国际化特色人才实验班"，聘请高水平的外国专家为学生开设特色课程，举办暑期国际交流学习班、夏令营、冬令营等活动，鼓励学生参加各类国际性模拟比赛，资助学生赴海外单位进行实习等。[1] 上述措施既是基于学科交融创新湾区法治人才培养机制的有益探索，也是人类命运共同体理念在法学教育领域的生动实践。

四、反思与展望：粤港澳大湾区法治人才培养的前景

进行以学科交融为中心的教育教学改革是世界一流大学发展的成功经验，也是新文科建设背景下法学学科实现内涵式发展的

---

〔1〕 参见杜承铭、戴激涛：《整合式创新：多元法治人才分类培养的实践与探索——基于财经类院校法治人才培养的考察》，载《中国大学教学》2016 年第 10 期。

必然趋势，更是培养服务于湾区建设所需法治人才的重要途径。这一方面是因为在全球化时代下，对于复杂疑难社会问题的解决需要更多不同学科知识和专业技能，另一方面是因为新兴交叉学科的跨学科多元分析方法和研究范式更有利于防范和控制现代社会极具不确定性和高度复杂性的各种风险。[1] 因此，在新文科建设背景下以学科交融为中心培养湾区法治人才可从如下方面展开：

首先，与时俱进更新湾区法治人才培养理念，营造开放、包容、合作、共享的学科交融环境，对湾区法治人才培养的学科资源进行整合创新，实现法治人才培养资源的科学重组和最优配置。众所周知，构建湾区合作的法律框架，必须突破制约湾区发展的思维定式。湾区法治人才培养亦应突破传统的思维定式，以湾区意识引领法治人才培养，深刻理解湾区法治观念、法治结构的不同与法律规则的具体适用差异。将学科交融理念贯穿于湾区法治人才培养全过程，整合多学科的优质教学资源，建立专门的规范化学科交融平台和制度机制，形成特色化、类型化湾区法治人才培养的学科交融课程体系。[2] 再者，湾区法治建设涉及

〔1〕 参见赵延东、肖为群：《风险的多学科研究视角》，载《中国科技论坛》2010 年第 6 期。

〔2〕 如北大提出"30+6+2"学科建设项目布局，即面向 2020 年，重点建设 30 个优势学科，推动部分学科进入世界一流前列；面向 2030 年，部署理学、信息与工程、人文、社会科学等 6 个综合交叉学科群，着力提升解决重大问题能力和原始创新能力。此外，还将布局和建设以临床医学+X、区域与国别研究为代表的前沿和交叉学科领域，带动学科结构优化与调整。清华大学将重点建设建筑、土木水利、核科学技术与安全、环境、计算机等 20 个学科群，并建设电气工程、力学、动力工程与工程热物理等 8 个具有较强竞争力的学科，以构成合理的学科梯队。参见魏梦佳：《促进学科交叉融合 创新人才培养模式——聚焦北大清华等高校"双一流"路线图》，载中国经济网：http://www.ce.cn/xwzx/gnsz/gdxw/201801/03/t20180103_27548588.shtml，最后访问日期：2020 年 12 月 10 日。

"一国两制三法域"，三地法律冲突是湾区法治建设面临的重要问题。湾区法治人才培养尤其需要多元主体间的系统、整体、全方位的合作培养，打破学科阻隔与制度壁垒，在精英化、复合型、应用型多元卓越法治人才的培养目标指引下，湾区各法学院应充分利用自身优势学科资源，制定多元化培养方案，促进多学科间的深度交融，以适应湾区建设对不同类型法治人才的需要。

其次，促进湾区法治人才培养资源要素的自由流动，不断完善基于学科交融的法治人才合作培养体制机制。促进湾区法治人才培养资源要素的自由流动，可以从改革湾区法治人才培养体系入手，打造湾区各高校联合共建的学科交融平台，形成更具稳定性和方向性的学科交融机制。具体说来，可根据湾区法治人才培养的共同目标，"围绕大湾区建设的实际需求，着手改革现有的法学教育模式，以基本法及港澳法为基石，增强国际法、立法学与区域法治等方向的协调力度，大力推动跨境法律人才培养，加强粤港澳高校法学教育的合作"[1]，更深入、更广泛地开展湾区高校内部的常态化、规范化、制度化协同育人，根据各校实际建立跨学院、跨学科联合的课程组运行机制，加强不同学科群的资源共享和交流合作，增强学生的自主学习能力和探究能力，保护和激发学生创新精神和创新潜力，为湾区法治人才培养的可持续发展提供动力源泉。

最后，在互学互鉴基础上推动湾区法治人才培养的协同发展体系，充分发挥粤港澳三地法治人才培养的特色优势，联动打造湾区卓越法治人才供给高地。2016 年 11 月 15 日，由中山大学率

---

〔1〕 邹平学、冯泽华：《粤港澳大湾区背景下广东法学教育面临的挑战与对策——基于对基本法及港澳法教育重大需求下的探讨》，载《法学教育研究》2019 年第 4 期。

先倡议并与香港中文大学和澳门大学共同发起的粤港澳高校联盟正式成立，迄今已汇聚粤港澳三地 40 所高校。粤港澳高校联盟旨在为三地院校搭建湾区人才培养的交流合作平台，深化三地在高等教育领域的合作，深入推进粤港澳大湾区建设。2020 年 7 月 10 日，粤港澳高校智慧校园联盟在粤港澳高校联盟在线年会暨校长论坛上宣告成立。粤港澳高校智慧校园联盟致力于打造颇具湾区特色的高校信息化共同体，力图为粤港澳高校信息化发展提供更高更广的平台，促进粤港澳高校智慧校园建设经验的共建共享，为成员单位间的相互合作创建便携、快速、安全的信息化环境，拓宽信息化建设管理人员的视野以及提升其技术能力。[1]以学科交融为契机，通过建立粤港澳高校法治人才培养的持续性合作与资源共享机制，不仅有助于提高湾区法治人才培养质量，而且能够多维度推动各高校的学科建设与学科发展，"人类发展议题的多维性和整体性特质决定了发展研究必须进行多尺度、多层次、多学科的共同探讨"。[2]因此，应鼓励各学科点、各学院打破壁垒，积极探索多学科交融的有效途径与实施方式，"国家有关部门也应支持和帮助法律院校争取优质国际资源，如协助其与更多的重要国际机构、组织建立联系，开发具有可持续性的合作项目"。[3]在充分发挥粤港澳各高校自身优势的基础上，可强化粤港澳各高校之间的互学互鉴，优势互补，互利共赢，在提高人才培养质量、促进科研成果转移转化、提升法治人才国际交流

〔1〕 参见陈琼芝：《粤港澳高校智慧校园联盟成立》，载中山大学新闻网：http：//news2. sysu. edu. cn/news01/1375393. htm，最后访问日期：2020 年 12 月 10 日。

〔2〕 方劲：《交叉学科取向的国际发展研究：构想、实践与挑战》，载《国外社会科学》2017 年第 6 期。

〔3〕 郭勇：《创新涉外卓越法治人才培养模式》，载《国家教育行政学院学报》2020 年第 12 期。

合作能力等方面各展所长，建立健全粤港澳大湾区法治人才培养的协同合作体制机制，联动打造湾区卓越法治人才供给高地，从而为湾区战略的顺利推进提供坚实的法治人才保障。

论课程思政式比较中的司法自信

——以《中外司法制度比较》的课程思政为例

◎唐东楚　高松琼*

摘　要：坚定司法自信，立德然后树人是课程思政式比较的新要求，也是课程思政式比较的动力。为了挖掘课程思政式比较的内涵，以司法的制度自信为核心，破除司法伪命题，探讨司法的真命题。为了拓展专业课的课程思政角色，要以司法的道路、理论和文化自信为抓手。在教学方法上要注重课中两种话语的转换，课后延伸思政课堂，培养德法兼修的社会主义法治人才，并且不断完善中国特色社会主义司法制度。

关键词：中外司法制度比较　课程思政式比较

---

*　唐东楚，男，中南大学法学院教授，主要研究方向：民诉法与司法制度。高松琼，女，中南大学法学院硕士研究生，主要研究方向：民诉法与司法制度。

中国故事　司法自信　两种话语

　　习近平总书记在 2014 年 10 月的文艺工作座谈会上提出，要讲好中国故事、传播好中国声音。同年，上海市高校开启了各类课程思政与思政课程协同推进的教育探索。习近平总书记在 2016 年 12 月 7—8 日的高校思想政治工作会议上提出，培养全面发展的社会主义建设者必须坚持正确的政治定位，思想政治理论课的改进要求其他课程都要守好一段渠，种好责任田。[1] 习近平总书记在 2017 年 5 月 3 日考察中国政法大学时指出：全面推进依法治国是一项长期而重大的历史任务，要坚持以马克思主义法学思想和中国特色社会主义法治理论为指导，立德树人，德法兼修。[2] 2019 年 10 月 31 日，党的十九届四中全会通过了《中共中央关于坚持和完善中国特色社会主义制度 推进国家治理体系和治理能力现代化若干重大问题的决定》，明确提出要"加强和改进学校思想政治教育，建立全员、全程、全方位育人体制机制"。[3] 2020 年 4 月 10 日，教育部 2020 年度高校思想政治工作视频会议上，教育部副部长、思想工作会议司司长提出要"讲好中国疫情防控故事，加强爱国主义教育，切实发挥立德树人的效果"。

---

〔1〕　习近平：《把思想政治工作贯穿教育教学全过程 开创我国高等教育事业发展新局面》，载《人民日报》2016 年 12 月 9 日，第 1 版。
〔2〕　习近平总书记在考察中国政法大学时发表讲话，强调立德树人德法兼修抓好法治人才培养，励志勤学刻苦磨炼促进青年成长进步。
〔3〕　习近平：《中共中央关于坚持和完善中国特色社会主义制度 推进国家治理体系和治理能力现代化若干重大问题的决定》，载《人民日报》2019 年 11 月 6 日，第 1 版。

一、课程思政式比较的新要求：坚定司法自信、立德然后树人

好的思想政治工作应该像盐，最好的方式是将盐溶解在各种食物中让其自然吸收。新时代中国特色社会主义现代化建设的加快促进了高等教育思想政治理论工作的创新，培育社会主义事业建设者和接班人的历史使命对专业教育课程提出了新要求。法治人才的培养不仅是回答培养什么样的人，更是用中国特色社会主义法治道路和法学理论占领研究的阵地。就《中外司法制度比较》而言，该课程的研究对象是中国与外国的检察制度、审判制度、律师制度等一系列司法制度，需要结合专业知识解决与思政教育的转化与衔接问题。

（一）"四个自信"是《中外司法制度比较》课程思政的基础

中国特色社会主义道路是实现社会主义现代化、创造人民美好生活的必由之路。中国特色社会主义制度，把国家与基层的民主制度，把中国共产党的领导同人民当家作主、依法治国有机结合。[1]《中外司法制度比较》课程思政的直接基础，就是中国特色社会主义司法道路、理论、制度、文化的"四个自信"。要从中外具体的司法制度比较角度，通过对中外司法制度具体内容的阐述、分析和比较，侧重对课程思政理念的引导，将法学的专业特点和思政特点有机结合，使学生在思想深处能够理解中国特色社会主义司法制度，坚信中国共产党的领导是中国特色社会主义司法制度的根本保证、司法为民是其本质特征。

---

〔1〕　中共中央宣传部：《习近平新时代中国特色社会主义思想学习纲要》，人民出版社 2019 年版，第 12 页。

（二）法治人才培养目标是《中外司法制度比较》课程思政的动力

法学教育家孙晓楼在上世纪末就提出这样的教育主张：法学教育旨在训练为国家社会服务的人才，这种人才必须要有社会常识以适用法律，兼具法律学问以改善法律的适用，也必须有法律的道德，才获得了执行法律的资格。[1] 从法学学习的视角上看，法学的专业教育与法律的社会治理密不可分，司法作为社会治理和纠纷解决机制的平台，应以修复社会的创伤、准确回应社会的价值诉求为归宿，这就要求法学专业教育必须贯穿思想政治教育；从法律职业的视角上看，人才发展是社会主义现代化强国的重要支撑，必须以高校思想政治教育为天然纽带。中国特色社会主义思想为法学专业的课程思政提供了源泉，课程思政的全过程、全方位联结，也对法学专业课程的教学提出了新要求。

法学是治愈社会伤痛的"正义之学"，法学教育本身充分诠释了意识形态的塑造。[2] 法学教育的背后不仅是知识的传播和创造，还应当在教育的公共理性平台上彰显国家的主流价值观。法治事业是社会主义事业的组成部分，司法是公平正义的最后一道防线，是秩序与民心的定海神针。如此重要的事业必须以培养"以人民为中心、以法治为追求、以公正为指针"的法治人才为目标。要让法学高等教育为人民服务，为我党治国理政服务，为巩固和发展中国特色社会主义服务。必须让立德树人融入法律文化的知识教育，要以德立身、以德育德、立德树人、德法兼修。课程思政是对传统思政课程的升级与延伸，做到全过程、全方

---

〔1〕　孙晓楼：《法律教育》，中国政法大学出版社 1997 年版，第 2 页。
〔2〕　沃耘：《高校法学"课程思政"教育教学改革路径与对策》，载《天津日报》2019 年 3 月 4 日，第 9 版。

位、多层次，突破思政课程主渠道的单一性，做到"课程门门有思政，教师个个能育人"。《中外司法制度比较》的课程重点聚焦于不同司法制度的纵向与横向比较，思政对象集中在即将融入法律职业共同体的学生，其思政资源的嵌入有利于在不同的司法制度或者模式之间建立一种价值观上的交流关系。发挥专业课程与思政课程的双向互动作用，解决了高校专业课程与思政课程不同的价值引领问题，缓和了课程潜在的价值冲突，最终形成同向而行、合力协同的局面。

二、课程思政式比较的新挖掘：以司法的制度自信为核心，破除司法伪命题、探讨司法真命题

司法制度鲜明的政治性，决定了《中外司法制度比较》课程具有丰富的思政教学资源。课堂上教师必须加强对价值观的引导，批判错误的价值观或者意识形态，不为任何错误的价值导向提供传播渠道。世界上没有无政治的法律，党法关系实质上是政治关系的集中反映。[1] 讲好社会主义法治的中国故事，即依法治国必须坚持党的领导，中国特色社会主义法治就是中国特色社会主义政治制度的法律表现形式。中国特色社会主义法治道路与西方资本主义法治道路有着明显的区别。西方司法独立制度是资本主义发展阶段的产物，与资本主义的多党制、三权分立相互配套。

（一）破除"党大还是法大"的伪命题

"党大还是法大"的伪命题，是西方所谓"普世价值"的一

---

〔1〕　李龙、郑华：《党法关系是依法治国核心问题》，载《中国社会科学报》2016 年 4 月 7 日，第 1 版。

个"坑"。西方司法制度作为资本主义所特有的产物，与资本主义社会的政治相对应，并不具有真正的普适性。中国共产党的领导是中国特色社会主义最本质的特征，是社会主义法治最根本的保证，不存在"党大还是法大"的问题。坚持党的领导是社会主义法治的根本要求，是全面推进依法治国的应有之义。党的领导和社会主义法治是一致的，只有坚持党的领导，人民当家作主才能充分实现，国家和社会生活制度化、法治化才能有序推进。不能把坚持党的领导同人民当家作主、依法治国对立起来，更不能用人民当家作主、依法治国来动摇和否定党的领导。"党大还是法大"的伪命题是两极思维、形而上学的产物。法律是中国共产党领导人民治理国家的基本手段和方式，司法是宪制或者政治制度的构成要件，其性质是由政制或者宪制决定。自孙中山先生以来，以党建国、以党治国，实现了由宗法制社会向现代社会的稳步转型。在当时司法界普遍存在"司法独立"意识的基础上，南京国民政府司法院院长居正 1935 年在东方杂志上发表有关"司法党化"的文章，指出政治制度应该"党化"，政党的性质应当决定司法的性质，[1] 只有这样才能促进社会整合，防止外国势力的破坏。新时代，坚持中国特色社会主义司法制度的前提是坚持党的领导，司法作为依法治国的重要环节，必须以坚持党的领导为根本保证。习近平法治思想"十一个坚持"中的第一个坚持，就是"坚持党对全面依法治国的领导"。在新时代中国特色社会主义总体布局中，坚持和加强党对依法治国的领导、坚持以人民为中心，在保障法治先进性的同时实现了法治的民主性；坚

---

〔1〕 李在全：《民国时期国民党司法党化的困境与局限》，载《团结报》2017 年 8 月 3 日，第 7 版。

持科学立法、严格执法、公正司法、全民守法，则体现了法治社会的平衡性；努力让人民群众从每一个司法案件中感受到公平正义，是中国特色社会主义司法的基本要求。

（二）破除"司法独立"的伪命题

破除"司法独立"的伪命题与中国波澜壮阔的历史实践密不可分。新中国的司法制度传承了革命根据地的实践精髓，并承接了苏联的影响，在新民主主义革命时期建立了服务于革命需求的审判机关、检察机关。1943 年《陕甘宁边区政府政纪总则草案》规定：司法机关为政权工作的一部分应受政府统一领导，边区审判委员会及高等法院受边区政府的领导，各下级司法机关应受到该级政府的领导。[1] 这种具有鲜明中国特色的司法制度，是新中国司法制度的历史源头之所在。我国现行司法体制始建于 1954 年，在 1982 年随着现行《宪法》的确定而定型。我国将人民法院和人民检察院并列为司法机关，而在西方"三权分立"的国家仅将法院作为司法机关。世界各国的检察院性质不尽相同，国外一般分为两种类别：一类是检察官和检察机关均属于行政序列；另一类是检察官与检察机关属性分离，检察官具有司法官性质，检察机关则属于行政序列。我国检察机关是专门的法律监督机关，对法律适用活动进行监督，维护法律权威、保障法律的统一实施。

人民法院独立行使审判权，人民检察院独立行使检察权，二者免受行政机关、社会团体和个人的干涉。这种独立是机关作为一个整体的独立，而不是法官检察官个人的独立，而且这种独立

---

〔1〕　康小怀：《延安时期陕甘宁边区的干部考核工作》，载《学习时报》2017 年 6 月 12 日，第 A5 版。

只是针对行政机关、社会团体和个人的干涉而言，不是独立于中国共产党的领导和人民代表大会的授权，而且这种独立同时也体现了我国民主集中制的基本原则。

我国的司法体制，与西方"司法独立"的体制相比，更具有制度上的优越性。西方的司法独立与多党制、三权分立等制度相配套，是资本主义上层建筑的特有产物，具有资产阶级的利益痕迹和历史局限性。比如资本主义的自由心证原则，常常具有很强的主观色彩，法官内心的许多非理性因素也会影响司法判决。过分突出法官和陪审团的"司法独立"，会导致司法对实体公正和发现案件事实真相的忽视，甚至演变为权力和利益的博弈场，用形式上的司法独立、程序正义来掩盖实质上的司法不公，最终与最广大人民的根本利益背道而驰。我国的人民法院独立行使审判权或人民检察院独立行使检察权，不同于西方国家"三权分立"基础上的司法独立，而是我国"议行合一"基础上的、与中国共产党的领导具有高度一致性的权力行使上的相对独立。事实上，西方国家的多党轮流执政，司法与党派之间的关系也做不到完全独立。中国共产党是我国革命实践和人民确定的唯一执政党，一切法律制度的建立和权力的行使，都必须坚持中国共产党的领导。

（三）探讨"司法的人民性"等真命题

人民性是中国特色社会主义司法的政治属性，它不仅体现在"以人民为中心"的习近平法治思想中，也体现在"人民法院""人民检察院""人民陪审员"等称呼之中，是"人民共和国"在人民代表大会制度下的人民司法，体现着人民民主和人民主权的原则。以人民为中心是中国特色社会主义司法制度的鲜明品格；"让人民群众在每一个司法案件中感受到公平正义"是中国特色社会主义司法制度的努力追求。

我国人民法院通过人民陪审员制度、多元纠纷解决机制等搭建司法与社会良性互动的桥梁，动员人民群众参与审判，普通民众协助司法、见证司法，使得司法大厦的拱顶更能集中地反映民意、集中民智，实现最广泛的人民民主。人民检察院创设了人民监督员制度，自觉接受人大和人民的监督。这些都使得人民司法走出庄严华丽的殿堂，成为普通民众可以参与和监督的阳光广场。2015 年开始的立案登记制改革，让人民群众有了实实在在的司法获得感；2016 年开始的最高人民巡回法庭给人民群众提供了"家门口的最高人民法院"；2019 年的"一站式"多元纠纷解决和"一站式"诉讼服务中心，[1] 形成了符合时代潮流的中国审判模式；从"基本解决执行难"到"切实解决执行难"的持续深入的改革，契合了人民群众的司法需求，为司法注入了新的温度，等等。

三、课程思政式比较的新拓展：以司法的道路、理论、文化自信为抓手，司法的"四个自信"缺一不可

从中外司法制度比较课程具体内容的宽度挖掘课程思政的素材。除了司法的制度自信外，中国司法的道路自信、理论自信、文化自信都要作为抓手，"四个自信"一个也不能少：中国特色社会主义司法制度是法治保障，中国特色社会主义司法道路是必然途径，中国特色社会主义司法理论是行动指南，中国特色社会

---

〔1〕　张鑫萌：《中国特色社会主义审判制度的人民性》，载《人民法院报》2020年 4 月 16 日，第 5 版。

主义司法文化是精神动力。一方面，以人民为中心的司法理念是我国审判制度构建和改革的基本遵循。努力让人民群众从每一次司法案件中感受公平正义，推进司法公开，推动审判体系和审判能力现代化是中国司法故事的真命题。另一方面，检察公益诉讼制度优化了司法职权的配置，完善了行政诉讼制度，推进了法治政府建设，是党的领导和中国特色社会主义政治制度转化为治理效能的印证。此外，2019 年新冠疫情期间法院、检察院和律师队伍的公共司法服务和法治产品则是司法制度优越性的真实写照。

（一）中国特色社会主义审判制度：坚持正义的"统一性"

首先，坚持实体正义与程序正义的统一。一方面，人民法院准确查明案件事实、对当事人的实体权利和义务做出裁决，审判人员法律适用能力不断提升，有力地实现了裁判的实体公正；另一方面，审判活动严格按照程序法定、程序公正公开的原则逐步破除"重实体、轻程序"的痼疾，通过庭审实质化、以审判为中心的刑事诉讼改革、司法责任制等程序正义保障举措来实现实体正义。

其次，坚持个案正义与普遍正义的统一。一方面，中国特色社会主义审判制度的优越性正是通过对具体案件依法公正裁判得以彰显；另一方面，对社会高度关注的案件，人民法院充分发挥舆论对司法监督的作用，以正确的方式告知、公示案件实际情况，在信息化变革的基础上有针对性地加强舆论的引导作用。近年来依法纠正冤假错案，让正义最终得以实现，以推动人权保障。[1]

---

〔1〕 习近平：《严格执法 公正司法》，载中共中央文献研究室编：《十八大以来重要文献选编》（上册），中央文献出版社 2014 年版，第 717 页。

最后，坚持政治效果、社会效果、法律效果的统一。中国特色社会主义审判制度紧密结合中国社会土壤，依国法、应天理、顺人情，坚持依法审判与能动司法的有机统一，积极运用社会主义核心价值观、民间法律规范强化司法裁判说理，以案释法，努力用看得见的司法正义方式实现"案结事了"，实现政治、社会、法律"三个效果的统一"。

（二）中国特色社会主义检察制度：制度优势转化为治理效能

国家治理体系现代化、检察体制机制改革视野下我国检察权是法律监督权的基本属性没有变，以满足人民群众对美好生活的向往为目标。"四大检察"格局的确立促进了检察职能均衡化、多元化的转型；检察机关公益诉讼制度充分彰显了以法治思维推进国家治理体系和治理能力现代化的制度安排；检察权的外部拓展比如捕诉一体化办案机制和检察建议制度促进了中国特色社会主义检察制度科学化运行。

1. 法律监督权的基本定位

与西方三权分立体制影响下检察权属于行政权的分支不同，我国检察权的基本定位是法律监督权。从域外来看，德国、法国等大陆法系国家也赋予了检察官"法律守护人"的角色。[1] 从文化制度上看，御史制度作为一种法律文化对我国检察制度的形成具有积极的影响。[2] 在中国特色社会主义法治实践基础上，

---

〔1〕　Jacqueline Hodgson, "The police, the Prosecutor and the Juge D'Instruction: Judicial Supervision France, Theory and Practice", *British Journal of Criminology*, Vol. 41, No. 2, 2001, pp. 341-361.

〔2〕　［美］理查德·B. 斯图尔特：《美国行政法的重构》，沈岿译，商务印书馆2011年版，第29页。

我国形成了检察机关法律监督体系：1996 年、2012 年对《中华人民共和国刑事诉讼法》的修改均赋予了检察机关法律监督权的定位；2018 年对 1982 年《中华人民共和国宪法》的第五次修改及公布的《中华人民共和国监察法》确定的"一府一委两院"的国家架构更加凸显了检察机关法律监督者的角色。2018 年修订的《中华人民共和国人民检察院组织法》"四大检察"的确立扩大了法律监督的范围。我国检察权的法律监督权定位是制度、文化等综合因素相作用的结果，具有鲜明的中国特色。随着不同时代国情的变化，检察权的外延在动态调整，但检察机关始终是我国的法律监督机关。

2. 检察公益诉讼制度

检察公益诉讼制度以国家治理和社会治理体系为制度基础，在党的领导下，以满足人民群众对美好生活的向往，是党的十八届四中全会做出的一项重大改革部署。检察公益诉讼制度是检察机关法律监督职能内与外延的延伸，是法律价值的再生产，体现了司法公共价值的再造。我国检察公益诉讼在吸收以美国为代表的现代公益诉讼优势的基础上，形成了公益治理现代化的中国方案。2018 年 10 月、2019 年 4 月立法机关将公益检察诉讼检察职权写进修订的《中华人民共和国人民检察院组织法》《中华人民共和国检察官法》之中，表明检察公益诉讼从试点到全面的健康发展，已经形成了社会公共利益和国家利益司法保护的"中国方案"。全国检察机关把公益诉讼检察与刑事检察、民事检察和行政检察并列为"四大检察"，挖掘了司法的社会公共价值，体现了检察机关依法履行"公共利益代表"的神圣职责。我国检察公益诉讼以最广大人民的根本利益为根本价值追求，人民是公益诉讼的监督者和支持者。我国检察机关提起公益诉讼不仅包括西方社会基于个人利益集合而成的公共利益，还包括无法还原为个人利益的公共利益。[1] 公益诉讼阶段，检察机关通过提起公益诉讼行使法律监督权，是解决"公地悲剧"治理的中国方案，尤其是公益诉讼在促进生态文明建设上取得了举世瞩目的成就。与西方公益诉讼对抗性逻辑不同的是，我国检察公益诉讼制度决定了检察院与法院、监察委员会协调合作，实现双赢、多赢、共赢。以行政公益诉讼的诉前程序为例，西方以引导行政主体纠错为主线开展审判，美国行政公益诉讼中坚持成熟原则和穷尽救济原则。即行政相对人申请司法救济，以用尽行政机关救济为前提。我国行政检察公益诉讼，则在诉前程序采用检察建议的方式督促履职。在整个公益诉讼案件中，行政诉前程序比重均很高，有效提升了司法效率和司法监督治理的效能。[2]

3. 检察权的动态调整和科学化

在《中华人民共和国刑事诉讼法》确定的认罪认罚从宽制度中，检察机关通过具结书、量刑建议等拓展了检察权的范围。在此基础上，检察权和审判权共同构成了中国特色语境中的二元司法模式。"捕诉一体化"探索反映了侦查监督权的新模式，检察机关发展出了一种新型权力分支，即检察侦查引导权，进一步阐明了法律监督权的内涵。[3] 最高人民法院《2018—2022 年检察改革工作规划》及 2018 年修订的《中华人民共和国人民检察院

---

〔1〕　［美］理查德·B. 斯图尔特：《美国行政法的重构》，沈岿译，商务印书馆 2011 年版，第 100 页。

〔2〕　胡卫列、迟晓燕：《从试点情况看行政公益诉讼诉前程序》，载《国家检察官学院学报》2017 年第 2 期。

〔3〕　周新：《检察引导侦查的双重检视与改革进路》，载《法律科学》2020 年第 2 期。

组织法》均提出了完善检察建议制度的要求。2018 年 10 月，最高人民检察院向教育部发出了〔2018〕"1 号"检察建议，检察建议的制度化构建是法律监督权的又一个新路径。[1]

（三）司法保障的新故事凸显制度优越性

2019 年新冠肺炎疫情是对国家治理能力的一次重大考验，也是对司法环境和司法保障的一次大考。疫情防控充分彰显中国特色社会主义制度优越性的同时也充分体现了国家依法防控、依法治理的能力，人民法官、人民检察官和律师队伍在度过公共卫生危机面前贡献了智慧和力量。

1. 创新公共服务体制，提供优质司法产品

我国人民法院依托智慧法院建设，逐步实现数字正义。早在 2019 年 3 月 22 日，最高人民法院在浙江省宁波市召开移动微法院建设移动端诉讼平台，依托微信小程序实现审判执行系统与诉讼移动平台的有效衔接。疫情期间人民法院坚持司法为民，积极满足人民群众对法院工作的新需求和新期待。立足审判执行，通过网上立案、自助立案、跨区域立案的立案新模式、诉讼、调解和远程办理诉讼在线化解纠纷，并实现纠纷的源头治理；加快建设司法区块链平台，形成法院系统的区块链应用体系，大大提高了人民群众的司法获得感。最高人民检察院于 2020 年 2 月 6 日下发《关于 12309 检察服务热线认真履职全力为疫情防控工作服务的通知》，疫情防控期间，人民检察院在保障人民群众合法权益的同时也让人民群众感受到法律的温度。[2]

---

〔1〕 戴佳、徐日丹：《为提升检察建议刚性提供制度保障》，载《检察日报》2019 年 2 月 27 日，第 2 版。

〔2〕 魏哲哲：《让群众感受到更多法治温度》，载《人民日报》2020 年 8 月 20 日，第 19 版。

2. 肩负社会治理责任，彰显律师职业优势

律师制度是中国特色社会主义司法制度的组成部分，律师队伍是推进中国特色社会主义法治道路的重要力量，在《中共中央关于坚持和完善中国特色社会主义制度 推进国家治理体系和治理能力现代化若干重大问题的决定》中，习近平总书记就特别提出了"完善律师制度"的要求，并指出深化公共法律服务体系建设，加快整合包括律师在内的法律服务资源的部署。2019 年新冠疫情期间为更好解决中小微企业复工复产过程中普遍遇到的困惑与难题，全国多地律师通过成立服务专班，开展法治体检，加强法规政策宣讲解读，提供线上线下法律咨询等多种形式为中小微企业复工复产"破障清路"。[1] 与此同时，化解农民工与中小企业的纠纷，发挥社会调节器的作用。在社会主义法治建设的征程中，中国律师队伍将充分发挥专业优势、职业优势和实践优势，为法治中国贡献智慧和力量。

四、课程思政式比较的新方法：讲好中国司法故事，注意话语转换、课后延伸

讲好中国司法故事，在用专业司法制度术语培养学生法律思维能力的同时融入思想政治话语，课后延伸阅读拓展马克思主义经典作家和马克思主义中国化理论中有关司法制度的阐述，提升学生运用思想政治中的方法论和法治思维综合分析专业问题的素养。法学专业课程思政教学的改革，应当逐步打破实践部门与高校的壁垒，建立课程制度改革的联动机制。双管齐下，从青年学

---

〔1〕 杨雪：《帮他们跨过疫情这道坎儿——中国律师为中小微企业与农民工提供法律帮扶》，载《中国律师》2020 年第 4 期。

子的身心发展特点出发，将中国故事、中国梦与个人的理想追求相结合，培养服务于中国特色社会主义法治事业的人才队伍。

（一）课内转化思政话语体系

中外司法制度比较在承载着思想政治教育功能，讲出"思政味"的同时，需要表达出独特的中国司法故事的话语。在大学思想政治教育课程讲好中国故事的同时，每门专业课程都应当弘扬党和国家的主流价值观。做到"门门有思政、人人讲育人"的全课程、全过程、全方位、全教员育人的思政系统综合。课程思政在增强大学生对我国意识形态的认同之外，也必须遵循司法制度专业课程的理论框架和制度逻辑，构建思政教育与专业教育之间的桥梁，这是课程思政教育质量的重要评价标准。就中外司法制度比较而言，它是法学专业课程的组成部分之一，必须使用司法公正、（检察公益诉讼）诉前程序、"一站式"纠纷解决或诉讼服务等专业术语培养学生的法律思维能力，在中外司法制度比较中运用社会主义核心价值观、以人民为中心的司法理念来释法说理，在用公益诉讼检察推进国家治理体系和治理能力现代化的同时，还要运用马克思主义基本原理和新时代中国特色社会主义理论进行概括表达，实现思政话语表达和专业话语表达的无缝隙对接。对中外司法制度比较中的思政话语和专业话语要在区别的同时，也要做到相对统一。在这个基础上，结合新一轮司法体制改革，比如司法民主化推进繁简分流改革、在智慧司法基础上继续推动诉讼信息化变革或者以疫情防控中的司法保障和司法服务为例，帮助大学生树立对中国特色社会主义法治道路的自信，在推进国家治理体系和治理能力现代化的进程中立德树人。

（二）课后延伸思政课堂

1. 专业阅读和思政阅读的结合

在中外司法制度比较课程之外阅读一定的参考文献是开展教学活动整体的有机组成部分，要将课程思政理念延伸至中外司法制度比较课程的全过程，积极引导学生开展课后阅读和交流，建立完整的知识架构：其一，秉承马克思主义经典作家的司法观。引导学生在阅读过程中抄录读书笔记，培养自我学习、自我发展的法律思维能力；其二，引导学生运用马克思主义唯物史观、世界史观、辩证分析法对中外司法制度的发展进行解读。把中外民事诉讼法典和司法案例的认识从纸面走向现实。并从本国视角掌握中国司法制度产生与发展的全过程，进行比较法领域的细致研究，坚定中国特色社会主义司法制度自信；其三，以中国特色社会主义法治文化为着力点，抓住社会主义核心价值观中"法治"的核心内涵。以对法律职业生涯中的社会责任、职业伦理的明确认知，在坚定司法自信的同时，引导学生展望个人的法律职业生涯规划。

2. 走入课堂与走出课堂的结合

法学专业课程思政的改革应当逐步打破实践部门与高校的壁垒，建立课程制度改革的联动机制。因此，高等院校与实务单位相互配合，共同塑造法律职业共同体法治精神。大学生思想政治教育不仅仅是高等学校的任务。法律职业道德伦理具有超越一般道德伦理的诉求。比如律师为有罪的人做无罪辩护，法官应当保持中立，程序性和被动性是司法与其他活动区别的显著特征。一方面，实务部门的法律职业人士走进课堂，学以致用达到课程思政的目的；另一方面，教学过程中教师可以要求学生在课外实践中针对具体的司法制度，例如庭审制度、执行制度、公益诉讼检察专业化建设、律师法律援助制度等撰写实践报告，并通过多种形式对社会调查开展交流，通过交流让学生更好地了解司法实务，从而增强对司法体制改革、司法理念的认同。

结　语

高等教育本质上要巩固和发展中国特色社会主义道路，培养中国特色社会主义事业的建设者，课程思政应当是高校思想政治教育改革的必然之路。对《中外司法制度比较》这门专业课程的教学创新，要通过课程思政讲好中国司法故事，通过课程思政创新教育实践，努力培养高素质的社会主义法治人才。

百花园

Spring Garden

建设现代化经济体系过程中宏观审慎金融监管研究　孙　岩

中国政法大学本科法学教研室机构沿革　张　蕾

中国政法大学"法学二外"特色课程体系优化研究　贾娜琳捷

建设现代化经济体系过程中宏观审慎金融监管研究

◎孙　岩[*]

摘　要: 建设现代化经济体系是我国现阶段经济发展的指导方向和工作目标,金融市场是经济体系中重要的组成部分,特别是在现代化经济体系建设中,金融已经成为国家重要的核心竞争力。金融市场的主要特征是金融风险的存在,而金融安全也成为国家安全的重要组成部分,党的十九大报告着重强调了对金融风险的防范和金融监管的加强,宏观审慎金融监管是金融风险防范的主要手段。本文通过对宏观审慎金融监管基本理论的阐述和宏观审慎监管价值目标和功能定位的分析,探讨宏观审慎监管对防范系统性金融风险和现代化经济系统建设的重要性,并结合我国现状对我国宏观审慎监管框

* 孙岩,经济学博士,中国政法大学法学博士后,防灾科技学院,经济管理学院讲师,主要从事金融风险评价、金融监管及金融法相关研究。

架的建立给出建议和意见。

关键词：宏观审慎监管　系统性金融风险　金融安全

随着我国经济金融环境的开放和金融创新的不断加快，金融风险防范已成为当前金融工作的永恒主题，促进经济和金融良性循环和健康发展是建设现代化经济体系过程中的基本要求，[1] 金融是国家发展的核心竞争力，金融安全是国家安全的重要组成部分，金融制度是经济社会发展中重要的基础性制度。

党的十八大以来，在以习近平同志为核心的党中央领导下，我国金融改革发展取得新的重大成就，金融业保持快速发展，金融产品日益丰富，金融服务普惠性增强，金融改革有序推进，金融体系不断完善，金融监管得到改进，守住不发生系统性金融风险底线的能力增强。习近平总书记在十九大报告中指出，"深化金融体制改革，增强金融服务实体经济能力，提高直接融资比重，促进多层次资本市场健康发展，健全货币政策和宏观审慎政策双支柱调控框架，深化利率和汇率市场化改革。健全金融监管体系，守住不发生系统性金融风险的底线"，强调了要加强金融监管协调、补齐监管短板，并设立国务院金融稳定发展委员会，强化人民银行宏观审慎管理和系统性风险防范职责，对中国金融市场下一步的发展指明了方向，也提出了新的要求。

一、宏观审慎金融监管基本理论

（一）宏观审慎监管的界定

"宏观审慎监管"在 2008 年金融危机爆发后迅速成为流行词，国内外与宏观审慎监管相关的研究如雨后春笋般地冒出来，然而许多研究中对宏观审慎监管的界定不是很清晰，为了保证研究的准确和严谨，本文首先对"宏观审慎监管"进行界定。"宏观审慎监管"是由英文复合词 macro prudential supervision、macro-prudential regulation 或 macro prudential oversight 翻译而来。也有学者将其翻译为宏观审慎管理，与"宏观审慎监管""宏观审慎管理"相关的词汇还有"宏观审慎性""宏观审慎政策"等。本文认为，从金融业监管的角度来说"宏观审慎监管"的表述更恰当。

在我国，中国人民银行是中国最早接受"宏观审慎"理念的部门。"宏观审慎"起源于国际清算银行，中国人民银行被国际清算银行接纳为成员后，在参加国际清算银行组织的国际会议时，首先接触到金融业宏观审慎监管理念。20世纪90年代亚洲金融危机后，国际货币基金组织开始接受宏观审慎监管的理念。1998年国际货币基金组织在《迈向健全金融体系的框架》中提到"有效银行业监管应当保证银行持续经营，只有通过微观与宏观审慎层面相结合的非现场监督手段才能达到目标。宏观审慎分析基于市场情报和宏观经济信息，重点关注重要资产市场、其他金融中介、宏观经济发展和潜在不平衡"。从1999年起国际货币基金组织开始向其成员推荐"金融部门评估规划"（FSAP），通过建立"宏观审慎指标"更好地评估金融体系的脆弱性，从而实现更有效的监管。在国际货币基金组织的推动下，中国人民银行在国务院授权下于2003年7月牵头组织国家发展改革委、财政部、国家统计局、国务院研究室、银监会、证监会、保监会、国家外汇管理局等单位组成跨部门小组，开始对中国进行金融稳定自评估。

（二）宏观审慎监管的含义

从 20 世纪 70 年代末至今，"宏观审慎"一词随着时间的推移在不断变化，表现形式从单一逐步走向多元化，含义变得越来越丰富和清晰。有关宏观审慎的最权威定义是金融稳定理事会、国际货币基金组织和国际清算银行向 G20 财政部长和中央银行行长峰会提交的《宏观审慎政策工具和框架》中界定的。报告将宏观审慎政策界定为"使用审慎工具去限制系统性风险，从而限制可能对实体经济有重要影响的关键金融服务提供的危机发生率的一种政策"。[1]

宏观审慎监管是一个相对于微观审慎监管的概念，是指金融监管当局为减少金融危机或经济波动给金融体系带来的损失，对金融体系整体而非单一机构角度实施的监管。[2] 这个定义主要是金融业监管的角度，认为宏观审慎监管的主体是金融监管当局。中国人民银行发布的《中国金融稳定报告（2010）》中，金融宏观审慎监管将防范系统性风险看作根本目标，将金融业视作一个有机整体，既防范金融体系内部相互关联可能导致的风险传递，又关注金融体系在跨经济周期中的稳健状况，从而有效地管理整个体系的金融风险，最终实现维护金融稳定、支持经济平稳发展的目标，报告中还明确了宏观审慎监管框架的主要构成。宏观审慎管理框架主要由三方面构成：一是宏观审慎分析，以识别系统性风险；二是宏观审慎政策选择，以应对所识别的系统性风险隐患；三是宏观审慎工具运用，以实现宏观审慎政策目标。宏观审慎工具并非由单一机构单独掌握和运用，而是由中央银行、

---

〔1〕 FSB, IMF, and BIS, Macroprudential Tools and Frameworks ［J］, Update to G20 Finance Ministers and Central Bank Governors, 2011（2）: 1–13.

〔2〕 李文泓：《银行业宏观审慎监管：思路和政策框架》，载《中国金融》2010 年第 13 期，第 40~42 页。

金融监管机构、财税部门等不同部门分别掌握和实施。中国人民银行认为"宏观审慎管理"的主体不但包括金融监管部门，还包括中央银行和财税部门。

（三）宏观审慎监管与微观审慎监管的区别

审慎性监管的目的是维护金融体系的安全和稳定，是以风险高低作为筛选标准的一种监管理念。金融危机后，宏观审慎监管与微观审慎监管一并成为审慎性监管的两大支柱，共同维护金融体系的安全与稳定，两者缺一不可。宏观审慎监管填补了微观审慎监管与宏观经济政策之间的鸿沟，弥补了微观审慎监管视角狭窄的缺陷；而微观审慎监管则是宏观审慎监管发挥作用的基础，可以说宏观审慎监管和微观审慎监管只是两种不同的金融监管理念，两者在监管机制上存在相互依存的关系。宏观审慎监管与微观审慎监管虽然存在紧密联系，但两者的区别也是比较明显的，主要区别如下（见表1）：

表1　宏观审慎与微观审慎监管的区别[1]

	宏观审慎	微观审慎
直接目标	防范整个金融体系金融危机	防范个体金融机构危机
最终目标	避免总产出（GDP）成本	消费者（投资者/存款人）保护
风险模型	部分内生	外　生
机构间相关性和共同风险暴露	重　要	不相关
审慎措施校准	根据整个系统风险自上而下	根据单个金融机构风险自下而上

---

〔1〕　Claudio Borio, "Towards an Macroprudential Framework for Financial Supervision and Regulation", *Social Science Electronic Publishing*49, 2005, pp. 1–18.

监管目标方面：宏观审慎监管的直接目标是防范系统性风险，维护金融体系的整体稳定；最终目标是减轻金融危机对实体经济增长的冲击，确保金融危机的宏观经济成本最小化。微观审慎监管的直接目标是防范单个金融机构的金融风险；最终目标是保护金融消费者（存款人和投资人）权益。微观审慎监管一般而言不考虑单个金融机构的风险对整体经济的影响。

风险假定方面：宏观审慎监管假定风险某种程度上是内生的。也就是说，金融机构的集体行动能够影响资产价格、借贷和金融交易的规模以及经济活动，从而影响金融体系的整体风险，这反过来又会影响金融机构自身的稳健经营状况。例如，单个金融机构在面对更高风险时，它可能加强风险控制并采取防御姿态，这对它而言是非常理性的，但如果所有金融机构都这样做，每一个金融机构得到的结果会更糟。紧缩信贷标准和结算头寸可能引发进一步的金融动荡和资产价格下跌，风险进一步增加。微观审慎监管假定风险是外生的，即单个金融机构危机的产出成本，或甚至一组金融机构危机的产出成本，不管是银行或其他金融机构，都不够大，不足以影响市场价格、经济活动，不可能导致不可接受的集合后果。

监管视角方面：宏观审慎监管侧重从整个金融体系的视角进行监管，更关注金融机构的集体行动和共同风险暴露。宏观审慎监管认为单个金融机构的稳健运行对整个金融体系的稳定既不是充分条件，也不是必要条件；而微观审慎监管侧重对单个金融机构的监管，确保每一个金融机构都能安全稳健运行。微观审慎监管认为单个金融机构的稳健运行是维护金融体系稳定的充分必要条件。微观审慎监管过度强调单个金融机构的监管可能削弱市场约束并产生道德风险，从而形成过度监管。

监管方法方面：宏观审慎监管方法是自上而下的，先设置整个金融体系可接受的翘尾损失的相关限额，衡量系统的翘尾风险，计算每个金融机构对整个金融体系的风险贡献率。一个金融机构的风险贡献率取决于该机构自身的具体特征（如规模和倒闭概率）或者取决于与整个金融体系相关的特征（与其他金融机构的直接或间接的共同风险敞口）。宏观审慎监管方法根据每一个金融机构对系统风险的贡献率调整审慎监管工具（如资本要求）；微观审慎监管方法是自下而上的。微观审慎监管方法设置每一个金融机构可接受的风险，然后根据单个金融机构的风险设置监管措施，一般而言不考虑金融机构之间的相关性。

监管工具方面：宏观审慎监管和微观审慎监管工具的形式上并无不同，两者都会使用资本监管、贷款损失拨备、贷款成数、压力测试等监管工具，但在运用这些监管工具时，宏观审慎监管和微观审慎监管对监管工具的设计会有所不同。[1] 例如，微观审慎监管会在整个经济期上对金融机构施加同样的资本监管要求，并且对所有金融机构一视同仁；而宏观审慎监管则会考虑在经济上行期和经济下行期对金融机构实施不同的资本监管要求，同时会根据系统重要性金融机构对整个金融体系的系统性风险贡献度提高它们的资本监管要求；微观审慎监管采用的贷款损失拨备只考虑当期的贷款损失，而宏观审慎监管则会考虑银行在整个经济周期的平均损失并采用动态拨备方法。

---

〔1〕　李文泓：《宏观审慎监管框架下的逆周期政策研究》，中国金融出版社 2011 年版。

二、宏观审慎监管的价值目标与功能定位

（一）宏观审慎监管的价值目标

金融监管法的主要价值目标包括安全、效率和公平。金融安全与金融效率是金融监管法的固有矛盾，金融安全与金融效率在金融市场的发展中呈现出此消彼长的关系，但又是统一于金融市场健康发展的客观目标。金融公平与金融效率同样具有矛盾统一关系。金融效率能够使得金融市场不断扩大，为更多的金融市场参与者提供金融服务，从而促进金融公平；然而由于金融市场参与者的禀赋不同，在追求效率的市场机制下，金融市场必然存在不公平现象，这就需要金融公平将不公平限制在适度范围内。金融安全与金融公平则统一于对金融效率的制衡之中。金融安全、金融效率和金融公平一方面相互独立，构成金融监管法所追求的独立价值；另一方面又相互联系，最大限度地推动金融市场的健康发展。[1] 宏观审慎监管机制与微观审慎监管同属于金融监管范畴，主要价值目标都是安全、效率和公平，但宏观审慎监管价值目标与传统微观审慎监管价值目标的不同之处在于，宏观审慎监管目标更加强调整体的金融安全、金融效率和金融公平。

1. 金融安全

安全是一项最基本的法律价值。正是基于对安全的追求才促使人类寻求公共保护，以抑制对个人生命、肢体、名誉和财产所为的非法侵权，法律秩序才成为文明社会最基础和必备的建构条

---

〔1〕 冯果：《金融法的"三足定理"及中国金融法制的变革》，载《法学》2011年第 9 期，第 93~101 页。

件。[1] 经济安全是人类追求的重要价值目标，是人们在经济活动中利益或行为的保障程度及其遭受损害的可能性，是现代社会人类活动的基本前提。[2] 金融安全是经济安全的重要组成部分。金融安全是指金融行业主体抵御金融风险，保障金融正常运作和发展的能力或状态。[3] 从单个国家来看，金融安全主要包括两个层面：第一个层面，微观金融安全。微观金融安全是指保障具体金融活动能够正常展开的一种状态。微观金融安全侧重于保护单个金融机构的安全和金融消费者、金融投资者的金融权益安全。第二个层面，宏观金融安全。宏观金融安全是指整个金融体系能够抵御金融风险冲击，从而保障正常运转的一种状态。宏观金融安全侧重于维护金融体系的整体稳定。

金融安全是一种动态均衡状态，处于动态发展中。金融安全、金融风险和金融危机是紧密相伴的。金融风险的产生构成了对金融安全的威胁，但金融安全并不是绝对没有金融风险的状态。金融业是经营风险的行业。只要有金融活动，必然存在金融风险，所以金融风险的存在实际上是金融体系健康运作的一种常态。当金融风险累积到一定程度，就可能导致金融危机的爆发。金融危机有小有大，单个金融机构的倒闭实际上就相当于一次小型的金融危机；如果金融风险爆发导致大范围金融困境，或整个金融体系的功能遭受重大破坏，则属于大型金融危机。金融危机是金融不安全的一种极端表现。金融机构的倒闭对于金融安全来

〔1〕 盛学军：《后危机时代下对金融监管法价值的省思》，载《重庆大学学报（社会科学版）》2011年第1期，第97~101页。
〔2〕 何文龙：《经济法的安全论》，载《法商研究（中南政法学院学报）》1998年第6期，第16~18页。
〔3〕 张忠军：《论金融法的安全观》，载《中国法学》2003年第4期，第107~115页。

说并不绝对是坏事，因为通过市场机制将不合格的金融机构淘汰反而更有利于整个金融体系的稳定和安全。

金融安全观一直在不断变迁。自由资本主义时期，亚当·斯密的古典经济学处于鼎盛时期，崇尚自由竞争，反对政府对金融过多干预，政府只需维持基本的竞争秩序即可。金融安全并未成为金融监管的主要价值目标。1929—1933 年的经济危机导致人们对自由主义经济理论产生怀疑，凯恩斯的国家干预主义经济理论取代自由主义经济理论成为主流经济学理论。国家干预主义认为政府应当在经济活动中扮演积极角色。在凯恩斯主义的主导下，金融安全开始成为金融监管的优先价值目标。例如，美国政府颁布了一系列金融法，如《1933 年格拉斯-斯蒂格尔法》《1933 年证券法》《1933 年联邦存款保险法》《1935 年银行法》，开始对金融业实施严格的监管。20 世纪 70 年代经济滞胀现象使得凯恩斯主义失去主流经济学派地位，新自由主义替而代之。新自由主义认为市场是有效的，政府只需要排除造成市场失效的因素。在这种背景下，欧美国家开始放松对金融业的监管，促进金融自由化。金融效率成为金融监管的优先价值目标，金融安全则被置于次要价值目标。2008 年金融危机促使人们对金融安全观进行反思，金融安全观存在两个问题：其一，金融安全没有得到持之以恒的重视。每一次金融危机都会使人们更加重视金融安全问题，开始反思金融监管的漏洞，加强金融监管，但金融危机过后，人们又逐渐淡化金融安全问题。从 2008 年金融危机来看，G20 迅速达成一致意见要加强金融监管，并将金融稳定论坛提升为金融稳定理事会，以便维护国际金融稳定。危机过去几年后，可以发现当时很多金融监管改革措施还没有兑现，作为金融监管改革重要成果的《巴塞尔协议 III》的实施日期一再被推迟。其二，整体金融安全没有得到重视。金融危机前，金融监管过于关注单个金融机构的安全，通常认为单个金融机构的安全是维护金融体系安全的充分必要条件，而金融危机表明单个金融机构的安全不足以维护整个金融体系安全，因此有必要加强金融业宏观审慎监管以维护整个金融体系的安全。

2. 金融效率

金融效率是以尽可能低的成本将有限的金融资源进行最优配置以实现最有效利用。金融效率可以从微观和宏观两个层面进行理解。微观金融效率是指金融微观主体的金融资源运用效率，侧重盈利性与静态性。宏观金融效率是指金融体系进行金融资源配置的效率。宏观金融效率可以从金融体系功能进行考察。金融体系的功能主要有动员储蓄、资本配置、风险管理、监督经理和促进创新等方面。[1] 金融体系通过动员储蓄，将储蓄转化为投资，从而实现金融资源配置。在实现储蓄—投资转化的过程中，金融体系通过风险管理、监督管理和促进技术创新等渠道提高资金使用效率，帮助企业选择高质量项目，促进资本从衰退部门流向先进部门。[2] 宏观金融效率的目标是金融发展，并以此促进经济增长。宏观金融效率是金融发展理论的核心命题，强调动态性和金融与经济的关系，与关注盈利性与静态性的微观金融效率相比显得更加重要。

金融效率与金融安全都是金融监管的重要价值目标。金融效

---

〔1〕 R. C. Merton and Z. Bodie, *The Design of Financial Systems: Towards a Synthesis of Function and Structure*, National Bureau of Economic Research, Inc, 2004.

〔2〕 米运生、周文良、刘仁和：《宏观金融效率、所有权效应与中国的银行自由化》，载《西安交通大学学报（社会科学版）》2009 年第 2 期，第 6~10 页。

率与金融安全之间存在固有的矛盾，过于提升金融效率或过于强调金融安全都不利于金融市场的健康发展，所以如何平衡金融效率和金融安全是金融监管的难题。20 世纪 30 年代至 70 年代，凯恩斯主义占据主流经济学地位，金融监管理念以安全压倒一切，不惜牺牲金融效率。金融监管当局严格限制金融机构的业务范围，限制金融机构从事金融创新。20 世纪 70 年代后，随着新自由主义经济学占据主导地位，金融监管理念开始崇尚金融效率，鼓励金融创新。金融创新成为金融市场发展的最重要动力，不断推动全球金融市场一体化、自由化和创新化发展，金融衍生工具创新层出不穷，金融衍生品市场尤其是场外金融衍生品市场得到迅猛发展。根据国际清算银行（BIS）统计，截至 2008 年末，全球场外金融衍生合同未偿余额达到 600 万亿美元，场内金融衍生品市场价值只达到 25 万亿美元，场内市场价值不足场外市场规模的 5%。[1] 看起来金融市场的效率得到极大提高，但实际上金融资源配置效率并不高。以美国为例，美国金融衍生品市场大量资金流向了房利美和房地美，从而埋下金融安全隐患。

2008 年金融危机使得金融效率和金融安全孰轻孰重的问题又变得尖锐起来。实际上金融效率和金融安全之间并不是完全不可调和的，两者之间并不是完全对立的。反思 20 世纪 70 年代至 2008 年金融危机爆发之前的金融效率观，可以发现存在一个误区，即各国金融监管当局过于重视微观金融效率，而忽视了宏观金融效率。金融监管当局放松对金融机构的业务限制，鼓励金融创新，为金融机构提供了广阔的活动空间。金融机构在进行金融

---

〔1〕 张宗新：《全球金融衍生市场监管改革趋势及中国启示》，载《社会科学》2010 年第 8 期，第 37~42 页。

创新时，失去了底线，最终将金融风险转嫁给整个金融体系。从
20 世纪 70 年代以来，金融危机频繁发生，诸如墨西哥金融危机、
亚洲金融危机、次贷危机，金融体系变得非常脆弱，这实际上是
宏观金融效率缺失的最明显的表现。微观金融效率是宏观金融效
率的基础，没有微观金融效率支持的宏观金融效率是空中楼阁，
在提高微观金融效率的同时，提高宏观金融效率是危机后金融监
管改革的关键。

3. 金融公平

公平是人类追求的永恒价值目标。公平是内涵丰富的哲学范
畴，不同学科的学者可以从不同视角进行阐释。《现代汉语词典》
将公平解释为"处理事情合情合理，不偏袒哪一方面"。在汉语
中，"公平"与"公正""正义"等词的含义是非常接近的。罗
尔斯认为，公平的基本准则是"所有的社会本善、自由和机会，
收入和财富及自尊的基础都应被平等地分配，除非对一些或所有
社会基本善的一种不平等分配最不利者"。[1] 通俗地讲，"公平"
是关于权利和利益合理分配的概念，是人类对社会成员相互关系
的合理设计和理想安排。它的核心意义是均衡和合理，是一个社
会与其成员之间以及社会成员之间协调相处的状态和方式。[2]
一般情况下，公平指的是社会公平，而经济公平则是社会公平的
内在属性，经济公平是社会公平实现的基础。

金融公平是经济公平的重要体现。金融公平是指在金融活动
中，各类主体不因自身经济实力、所有权性质、地域和行业等因
素而受到差别对待，能够公平地参与金融活动，机会均等地分享

---

〔1〕　〔美〕约翰·罗尔斯：《正义论》，何怀宏、何包钢、廖申白译，中国社会科
学出版社 1988 年版。
〔2〕　崔广平：《论公平》，载《河北学刊》2003 年第 4 期，第 74~76 页。

金融资源，形成合理有序的金融秩序，并通过金融市场实现社会整体利益的最大化。[1] 金融公平可以分为形式上的金融公平和结果上的金融公平。形式上的金融公平是指各种金融市场主体能够平等地参与金融交易。形式上的金融公平要求通过合理的制度安全营造公平的金融交易秩序。大型金融机构与中小型金融机构实现公平竞争，金融机构不得依据强势地位侵犯金融消费者权益。结果上的金融公平是指社会上各类主体都能够公平享受金融发展带来的经济增长和社会效益。结果上的金融公平要求金融机构承担社会责任，不能一味追求经济利益。金融机构必须关注欠发达地区的个人和中小企业的金融需求，并且贯彻绿色金融理念，将环境保护、资源有效利用作为衡量经营成效的标准之一，引导各类经济主体发展绿色经济、促进经济社会可持续发展。

金融监管的价值目标长期以来都徘徊于金融效率和金融安全之间，而相对忽略了金融公平。大型金融机构与中小型金融机构实质上处于不公平的竞争状态中，大型金融机构因为大而不能倒事实上享受着政府的隐性担保，从而可以从事高风险金融活动，这是造成金融体系不稳定的重要根源。金融机构通过金融创新，制造大量"有毒"金融衍生品卖给金融消费者。由于信息不对称，普通的金融消费者根本无法了解金融衍生品的详细信息，只能依赖金融机构付费得到的评级结果，因此金融机构与投资者之间的金融交易是不公平的。从国际金融公平上来说，金融业最发达的美国通过向其他国家销售华尔街的金融衍生品，将金融风险传递给全世界，最终让全球共同承担金融危机的苦果。金融危机

---

[1] 盛学军：《后危机时代下对金融监管法价值的省思》，载《重庆大学学报（社会科学版）》2011 年第 1 期，第 97~101 页。

后，金融公平的金融监管价值理念得到国际社会的重视。例如，美国 2010 年 7 月颁布《多德——弗兰克华尔街改革与消费者保护法》。该法案将金融公平理念贯穿其中，要求系统重要性金融机构具备更大的损失吸收能力和破产清算能力，削弱大型金融机构相对于中小型金融机构的不公平竞争力，将大部分金融衍生品纳入金融监管框架，并专门设立金融消费者保护局，保护金融消费者的利益。

（二）宏观审慎监管的功能定位

金融体系稳定、金融机构安全和金融消费者保护是金融监管的三大核心目标，与之相对应的是宏观审慎监管和微观行为监管。[1] 微观审慎监管和宏观审慎监管实际上都具有保护金融消费者、维护金融机构安全和金融体系稳定的功能，只不过两者侧重点不同。一般而言，微观审慎监管更侧重于维护金融机构安全和保护金融消费者，而宏观审慎监管更侧重于维护金融体系稳定。全球金融体系委员会认为，金融业宏观审慎监管有两个主要目标，第一个是加强金融体系应对经济困境和其他不利冲击的弹性，第二个是积极限制金融风险的累积，且这两个目标不是互相冲突的。[2] 金融业宏观审慎监管的功能定位在于防范和减少两方面的系统性风险：一是防范和减少时间维度的系统性风险，即限制金融风险，随着时间累积，努力消除金融体系顺周期；二是防范和减少空间维度的系统性风险，即防止系统性重要金融机构、金融市场或融工具经营困难或破产导致的金融体系不稳定。

---

〔1〕　叶姗：《系统性金融危机的经济法应对》，载《经济法论丛》2011 年第 1 期，第 158~181 页。

〔2〕　"Macroprudential Instruments and Frameworks: a Stocktaking of Issues and Experiences"，*CGFS Paper*，2010，pp. 1~22.

1. 防范和减少时间维度的系统性风险

金融业宏观审慎监管应当防范和减少时间维度的系统性风险，降低金融体系周期性。金融体系的顺周期效应是指金融体系与实体经济之间形成的正反馈机制，放大繁荣和萧条周期，加剧经济的周期性波动，并导致或增强金融体系的不稳定性。金融体系与实体经济之间的这种互动被称为"金融加速器"。伯南科、格特勒等人于 1996 年正式提出金融加速器理论，该理论认为，当企业内部资金较充裕时，外部融资成本不会有大的变化，但是当企业资产负债状况很差时，外部融资成本会大幅上升，企业将减少生产和投资，这反过来会更加恶化企业的资产负债状况，从而使金融加速器效应在经济衰退中的作用比经济好转时期显著。[1] 该理论认为信贷周期的产生是由于信息不对称和在金融市场不完全的条件下借款方的企业和居民行为，影响到金融机构的授信条件和规模，从而间接地影响到经济周期。实际上，金融体系的发展催生了新的引发和加剧顺周期性的隐患，金融机构内部和监管机构的制度安排中存在多方面引发和加剧金融体系顺周期效应的因素，并且由于金融体系的一些结构性变化，顺周期问题在更大范围内影响宏观经济和金融体系的稳定，甚至引发系统性金融危机。[2]

派尼塔（Panetta）和安吉里尼（Angelini）等分析了金融机构行为在放大金融危机中的作用。[3] 他们认为，在经济繁荣期，

[1] Bernanke B etal. , "The Financial Accelerator and the Flight to Quality", *Review of Economics & Statistics* 78, 1996, pp. 1-15.

[2] 肖崎：《现代金融体系顺周期效应成因分析》，载《国际商务（对外经济贸易大学学报）》2011 年第 5 期，第 63~70 页。

[3] F. Panetta et al. , "Financial Sector Pro-Cyclicality: Lessons from the Crisis", *Ssrn Electronic Journal*, 2009.

金融资产价格上涨，金融机构资产负债表扩张，金融杠杆率升高；而在经济萧条期，金融资产价格下降，金融机构资产负债表收缩，金融杠杆率下降。金融杠杆率的顺周期性与金融资产价格变化的相互作用，使得经济周期的波动被放大。金融危机爆发时，金融资产的市场价值下降，给实施"以市定价"会计记账方法的金融机构造成巨额的账面亏损，金融机构被迫启动去杠杆化过程。去杠杆化的途径一般有两种：一是从分子方面降低杠杆比率，通过出售风险资产来偿还债务；二是从分母方面降低杠杆比率，即吸收和扩大股权资本，增加自有资本规模。金融危机时，通过第二种途径来降低杠杆率相对较难，而通过第一种途径，金融机构如果在同一时间内大规模抛售风险资产，将造成金融机构所持有资产价值的进一步下降，资产负债表加速收缩，从而引发金融机构集体借贷，导致金融体系中的流动性消失，流动性危机爆发。信贷紧缩使得银行向居民和企业部门提供新增贷款能力和意愿下降，居民举债消费受限，企业也将减少投资，这将最终影响实体经济的增长。

美国次贷危机是解释金融加速器理论运行机制的最好例子。20 世纪末高科技经济泡沫破裂之后，美联储为刺激经济，连续降低利率，实施低利率货币政策。这使得美国房地产市场持续升温，美国经济开始步入上升期，企业资产负债表状况得到极大改善，从而使得银行加大对企业和购房者的放贷力度，企业融资成本降低，这进一步刺激投资和产出的增加。美国金融机构的资产负债表扩张，金融杠杆率升高。从 2006 年开始，美国房地产泡沫效应开始显现，美联储开始连续加息给经济降温。美国经济开始降温的同时，企业资产负债表状况开始恶化，这使得银行对企业和购房者的放贷变得更加谨慎，企业融资成本升高，投资和产出减少。华尔街金融机构的金融资产市场价值下降，巨额的账面亏损迫使金融机构抛售资产，启动去杠杆化过程。这反过来更加引发金融市场恐慌，最终雷曼兄弟破产成为压死骆驼的最后一根稻草，引发全球金融危机。

金融加速器导致的金融体系顺周期是由多种因素造成的。在经济周期的整个变化过程中，银行资本受到盈利水平、贷款质量、贷款损失拨备水平以及筹集新资本的成本等内外部因素的影响，具有显著的顺周期特征，而在新的巴塞尔协议框架中，监管当局的资本监管要求导致信贷供给更为严重的顺周期性，风险权重的逆周期波动、评级机构的顺周期行为、公允价值的会计准则等都会增加金融系统顺周期，产生愈发明显的金融加速器效应。金融危机后，国际社会普遍意识到金融体系顺周期效应是导致金融体系脆弱性，产生金融危机的一个重要根源，因此降低金融体系顺周期效应成为金融监管改革的重要方向，时间维度的宏观审慎监管是降低金融体系顺周期效应的一剂良方。

2. 防范和减少空间维度的系统性风险

金融业宏观审慎监管还应当防范和减少空间维度的系统性风险。空间维度的系统性风险即在给定时间点上，在金融体系内部分布的系统性风险。如果给定时间点上，金融体系没有系统性风险，只是出现金融市场或个别金融机构的短暂动荡，不会对金融稳定构成威胁。1995 年巴林银行爆发危机，英格兰银行的调查显示巴林银行的问题显然是内部管理不力造成的，这种管理不力是巴林银行所特有的，不会给金融市场带来系统性风险，因此英格兰银行并没有对巴林银行实施救助。金融稳定理事会于 2009 年颁布了《关于评估金融机构、市场和工具系统重要性指引：初步考虑》，要求所有系统重要性金融机构、市场和工具都必须受到一定程度的监管，从而帮助减少系统性风险。实际上系统重要性金融机构、系统重要性金融市场和系统重要性金融工具产生的系统性风险大多数时候是交织在一起的，很难严格区分系统性风险是具体来自哪一个方面。

2008 年 9 月，由于美国政府放弃救助雷曼兄弟，从而导致了全球金融危机，因此系统重要性金融机构导致的系统性金融风险开始受到重视。系统重要性金融机构由于其规模、复杂性或系统相关性方面的特征，一旦出现问题很容易引发系统性风险并传导到整个金融系统，并导致金融危机。传统上，规模庞大的金融机构才有可能成为系统重要性金融机构，也最有可能产生大而不倒现象，享受政府的特殊扶持。然而随着金融创新的发展，有些规模不大的金融机构如对冲基金、影子银行等由于复杂性和系统相关性也可能成为系统重要性金融机构。

金融创新导致金融体系内部各个金融主体之间的关联度不断提高，商业银行、投资银行、影子银行和对冲基金等金融机构已经紧密结合在一起，可以说整个金融体系内部已经形成一个复杂的金融网络。随着金融业的不断发展，金融网络覆盖的范围不断延伸，网络内部的关联结构越来越复杂。强大的金融网络将金融体系内所有金融主体的风险和收益紧密联系在一起，导致所有金融主体都有共同的风险暴露。如果金融网络中的系统重要性金融机构出现问题，很容易就会产生连锁反应，而且由于所有的金融机构都会设法同时降低风险敞口，就会进一步加剧资产价格下跌，导致金融市场流动性显著下降，从而导致损失进一步扩大。

这里面存在一个"拥挤交易"和"羊群效应"的问题，即只要一家金融机构设法降低风险敞口，则所有金融机构在缺乏相应市场信息的情况下，都会跟随那家金融机构的交易。在特定情况下，几乎任何一家金融机构都有可能引发系统性风险，防范系统重要性金融机构引发系统性风险成为宏观审慎监管的一个重要任务。

系统重要性金融市场本身是系统性风险的重要发源之地，同时也是系统性风险传播的重要渠道。系统重要性金融市场的系统性风险监管是宏观审慎监管的一个重要方面，不但要加强对传统系统重要性金融市场的监管，还必须加强对金融衍生品市场的监管。美国金融危机的一个重要原因就是金融衍生品市场的崩盘，美国又是全球最重要的金融衍生品市场，从而最终引发全球金融危机。美国金融危机后，国际金融监管改革的一个重要趋势就是加强对金融衍生品市场的监管，防范金融衍生品市场的系统性风险，特别是场外金融衍生品市场的系统性风险。场外衍生交易发生系统性危机主要与三个因素相关[1]：其一，交易的不透明性。场外衍生交易不会直接引发资产负债变化，主要是对表外业务影响，监管机构、市场以及进行场外衍生交易的主体的股东们通常不能及时了解有多少场外衍生交易在进行、交易的状况及影响如何。这使得场外衍生交易活动缺乏外部监管与市场约束机制，从而纵容交易主体盲目扩张信用、不断扩大交易规模，最终导致场外衍生交易规模毫无约束地扩大，各种金融风险不断累积，最终累积为能够引发金融危机的系统性风险。其二，更强的复杂性。场外衍生交易的特殊性在于它是量体裁衣产品，产品结构非常复

---

〔1〕 王呖：《场外衍生金融工具交易监管法律制度研究》，载《环球法律评论》2008 年第 2 期，第 40~50 页。

杂，通常依靠复杂的数学模型、建立在计算机技术高度发展的基础之上，各种金融风险往往被场外产品的复杂结构极端且迅速地扩大并最终演变出不易预知的效果。其三，交易的集中性。这是场外衍生交易结构的显著特点，也是引发系统性风险的根源。由于场外衍生交易缺乏场内交易的统一规范、信用评价、交割服务与履约担保等机制，场外衍生交易者往往更乐于与大型金融机构、企业进行交易，几乎半数以上的场外衍生交易集中于全球可数的大型跨国金融机构、跨国公司之间，不少交易互相关联形成错综复杂的网络，致使交易风险高度集中。金融衍生品场外交易的这些特性很容易导致金融体系不稳定，从而引发系统性风险。因此防范系统性风险是宏观审慎监管对场外金融衍生品市场进行监管的最直接动因。

三、我国宏观审慎监管存在的问题及建议

（一）我国宏观审慎监管面临的挑战

随着经济、金融全球化、自由化进程的加快与信息通信技术的高速发展，各金融市场间的交易成本随之越来越低，其关联性由此得到不断加强，主要表现为各金融市场间的均值溢出和波动溢出效应，即引起某一金融市场发生波动的诱因也会导致其他金融市场发生相应波动，抑或不同金融市场间的波动既存在相互关联，又可相互传导。一个有效的宏观审慎监管机制可以有效防范和减少系统性风险，提高金融体系应对冲击的弹性，减少金融危机发生的概率。结合我国金融市场的发展程度，我国宏观审慎监管机制构建过程中将面临以下挑战。

1. 审慎监管机构的监管能力

我国金融监管机构的监管能力与欧美发达国家金融监管机构

的监管能力相差很多。主要是两个方面的原因，一方面，我国金融监管机构受到体制的约束，能够发挥主观能动性的地方不多；另一方面，我国金融监管机构的专业水平与欧美国家金融监管机构的专业水平相差很多。具体而言，我国宏观审慎监管机构的监管能力在以下方面是比较薄弱的：其一，信息收集能力有待提高。我国金融监管部门收集监管信息过程中对信息真实性、有效性的甄别不足；其二，分析能力不足。监管过程中，监管机构必须及时对收集到的信息进行分析，识别系统性金融风险。系统性风险必须借助金融风险预警机制和压力测试模型进行识别，而这正是我国金融监管机构的弱项。其三，系统性风险防范和处置能力待加强。我国金融监管部门缺乏防范和处置金融业系统性风险的实战经验，另外，宏观审慎监管工具开发和运用方面的能力也有待提高。

2. 宏观审慎监管政策的执行力度

宏观审慎监管政策的执行很容易受到政治体制和经济体制的影响。当前我国经济发展处于由高速发展向高质量发展的转型阶段，政治上保持稳定，经济上对发展的质量也有高要求。宏观审慎监管政策的执行会产生较高的成本，当宏观审慎监管政策使得某一行业或某一群体的利益受到较大影响，可能会对实体经济造成消极影响，如果消极影响可能引发社会的不稳定因素时，政府必然进行干预，以维持社会的稳定，宏观审慎监管政策的执行力度会大打折扣。我国经济高速发展主要依赖房地产业的发展，我国房地产业的泡沫是很严重的，在没有找到替代性的支柱产业之前，政府还是会维护房地产业的稳定，不敢让泡沫破灭。实际上，房地产泡沫对我国金融稳定的威胁是非常大的。这种情况下，宏观审慎监管机构在对房地产业进行监管时，效果也不会理想。另外，如果宏观审慎监管政策抑制信贷增长，降低经济增速，各地方政府也会采取相应措施。

3. 国内协调的困难

宏观审慎监管政策与货币政策、财政政策、微观审慎监管政策及其他政策之间必须有效协调才能够更好地发挥宏观审慎监管机制的效果。十九大报告中着重强调要"健全货币政策和宏观审慎政策双支柱调控框架"。宏观审慎监管机构的级别应高于中国人民银行、证监会、财政部等，才有利于我国金融业宏观审慎监管政策与货币政策、财政政策和微观审慎监管政策有效协调。如果宏观审慎监管机构级别比中国人民银行、财政部、证监会，可能又会产生另一个问题，即如何确保宏观审慎监管政策、货币政策、财政政策和微观审慎监管政策的相对独立性。宏观审慎监管机构的主要目标是追求金融稳定，从而导致货币政策、财政政策和微观审慎监管政策也将金融稳定作为政策目标，这就给宏观审慎监管机制的协调增加了困难。

4. 国际协调的困难

我国在参与宏观审慎监管的多边国际协调机制和双边协调机制时，如何维护我国金融利益是一个很大的挑战。首先，如何保证宏观审慎监管的国际标准更符合我国利益。发达国家在国际金融格局中占据优势，制定的金融监管标准都是符合发达国家的利益的。大多数国际金融组织都是欧美牵头成立的，如国际货币基金组织、国际清算银行、世界银行等。欧美国家在这些国际金融组织中占据绝大部分份额，享有否决权。我国当前很难改变国际金融组织的游戏规则。其次，如何避免国外宏观经济政策对我国金融体系的影响。一些发达国家的经济金融政策会对我国经济与金融体系产生很大影响，特别是美国的经济金融政策，随着美国的减税和加息政策，大量国际投资开始往美国流动。处于三期叠加的中国，将面临更大困难。我国经济增速在不断放缓，吸引外资的能力也开始减弱。因此，如何防范国际金融与经济形势对我国金融体系造成系统性威胁是一个重大难题。

（二）我国宏观审慎监管存在的主要问题

随着我国经济体制改革及结构调整的不断深入，我国实行宏观审慎监管的过程中，主要存在以下问题。

1. 宏观审慎监管专业人才缺少

金融机构从事的金融活动不仅局限于金融领域，而且操作的复杂性大大加深了对金融进行监管的难度，需要有金融、证券、房地产、评估、财务、税务、法律等各个领域的综合性人才。我国的宏观审慎监管才刚刚起步，对宏观审慎监管的操作还停留在起步阶段，并且人才的稀缺制约着我国宏观审慎监管体制的构建，对高素质人才的需求已经成为当务之急。

2. 宏观审慎监管组织体系不健全

目前我国的宏观审慎监管组织体系并不健全，主要表现在我国的宏观审慎监管模式采取的是在出现监管问题之后而采取补救措施的做法，这就导致了宏观审慎监管的滞后，造成我国宏观审慎监管组织体系的不完善及宏观审慎监管机构的错配、缺失等问题。监管机构应当充分重视、审慎监管组织体系的建立健全对于我国虚拟经济与实体经济的溢出效应，应当跟上国际宏观审慎监管体系的变革的步伐，顺应历史潮流，与时俱进地推进我国宏观审慎监管体系的深化改革。

3. 监管内容不全面，监管手段落后

当前国际在实施宏观审慎监管的过程中普遍采用的重要准则是以资本充足率为核心的《巴塞尔协议》。但《巴塞尔协议》有一个显著弊端即该协议主要关注的是银行类的金融机构，对宏观审慎监管的关注度远远不够，非银行类金融机构处在监管的灰色地带，这就是当下我国存在金融市场风险的直接原因。

4. 宏观审慎监管制度不完善

我国尚未建立系统性风险监管制度，只能采取"一行两会"的监督方式，在商业银行的信贷资产转让和银信合作等影子银行业务的监管方面更是几乎空白，没有具体量化的风险识别、控制体系。此外，由于宏观审慎监管只着重强调风险防范，没有强调利用和破解，市场的进入和退出等机制过于僵化，导致金融效率很低。另外，我国宏观审慎监管在审批手续、流程等方面仍存在缺陷，当发生系统性金融风险时，我国的宏观审慎监管制度无法起到缓冲、改善的作用，甚至会加重金融危机的不利影响与进一步的传播，改善我国的宏观审慎监管制度已然迫在眉睫。

（三）构建宏观审慎管理体系的政策建议

随着中国在国际上承担的责任越来越大，中国金融业所面临的压力也越来越大，中国也应该加强对宏观审慎管理体系的研究，保证金融体系的稳定，从而更好地保证实体经济的健康发展。

1. 加强宏观审慎管理的理论研究

从理论研究的角度来讲，中国在宏观审慎方面应从以下四个方面继续加强：其一，宏观审慎管理的理论体系。发源于新凯恩斯主义的宏观审慎管理尚未形成自身完整的理论体系，因此，如何建立和完善宏观审慎管理的理论应成为未来的研究方向之一。

其二，政策工具的选择以及政策之间的协调。国际上对于宏观审慎管理政策工具的研究角度众多，但是缺乏统一的政策框架；各个政策之间的协调也是监管层面亟待考虑的问题。如何在统一的框架和理论体系下，开发适合各国国情的宏观审慎管理政策工具，也是研究的主要方向。其三，宏观审慎管理的有效性。对于宏观审慎工具有效性的分析将为未来宏观审慎工具的设计提供指导。但是，国际上对宏观审慎管理有效性的研究只停留在经验分析上，还没有一个指标体系和框架用于评价宏观审慎管理的有效性。所以，如何评价宏观审慎管理值得进一步探讨。其四，金融体系与实体经济的联系。宏观审慎政策工具所需数据的可得性较差，使得建立金融体系与宏观经济之间相互作用的模型变得更加困难。因此，监管部门要加强和推进数据的搜集与整理工作，在宏观经济模型的研究中引入金融体系的因素，从而为保证金融体系和经济体系的稳定提供理论和实证上的支持。

2. 明确中央银行在宏观审慎监管中的核心地位

宏观审慎监管要求关注信贷资产的增长以及资产价格的变动，关注金融机构整体的稳健性以及相关性，及时发现系统性风险点，中央银行在实施宏观审慎管理中具有特定的优势。中央银行的优势是由中央银行最后贷款人的角色所决定的。中央银行垄断货币发行权，具有创造高能货币的能力，能满足商业银行的流动性需求。并且中央银行的货币政策职能可以与保持金融稳定相互促进，可以通过货币政策调节，局部运用宏观审慎政策工具，更好地保证金融体系的稳定。

3. 建立宏观审慎监测分析系统

宏观审慎的监管目标是系统性风险，因此，需要一个良好的指标检测体系进行预警，提前发现系统性风险点，预测金融的失衡程度以及金融体系的风险积累程度，从而实施逆周期监管。建立良好的监测分析系统，在对整体系统进行监测的同时对局部系统也进行监测。在监测国内的同时也要对国外市场进行监测，开发出监测国际市场系统性风险的指标，对国际金融风险预警，防止输入国际性金融风险，保障我金融系统的稳定和健康发展。

小 结

随着金融产品的创新和金融全球化的推进，宏观审慎监管已经成为与微观审慎监管相并列的一种监管理念和监管方式。2008年金融危机后，国际社会普遍认为应当在微观审慎监管基础上构建金融业宏观审慎监管框架，并且认为宏观审慎监管应当重点关注两个方面：一是金融体系顺周期性产生的金融风险；二是系统重要性金融机构、金融市场和金融工具产生的金融风险。宏观审慎监管是监管机构从金融体系整体视角出发，运用宏观审慎监管工具尽可能减少或防范金融体系顺周期和金融体系内部相互关联引发的金融风险，从而实现维护金融稳定目标的一种监管理念和监管方式。

下一阶段，我们要根据十九大和中央经济工作会议的指导精神，"深化金融体制改革，增强金融服务实体经济能力，提高直接融资比重，促进多层次资本市场健康发展，健全货币政策和宏观审慎政策双支柱调控框架，深化利率和汇率市场化改革。健全金融监管体系，守住不发生系统性金融风险的底线"。

中国政法大学本科法学教研室机构沿革[*]

◎张　蕾^{**}

摘　要： 教研室作为落实教学任务、开展教研活动、推进教学改革的载体，自 1950 年从苏联引进，在提高教学质量、提升师资水平、培养多层次人才方面发挥了积极的作用，成为我国高校基层教学组织的主流形态。立足于档案馆馆藏资料，本文将中国政法大学本科法学教研室的历史划分为两个阶段，即：北京政法学院时期和中国政法大学时期。北京政法学院时期，从 1952 年到 1982 年，阐释了北京政法学院法学教研室的创立（1952—1957 年）、曲折发展（1958—1970 年）和恢复（1979—1982 年）。中国政法大学时期，从 1983 年至 2016 年，着重梳理了在设系分专业（1983—2001 年）和撤系

---

　　* 本文为 2016 年中国政法大学教学改革立项"我校本科法学教研室职能发展历史沿革研究"的结项报告，在原文基础上有修改。

　　** 张蕾，中国政法大学学院路校区工作委员会办公室综合科科长。

建院（2002—2016 年）历史背景下法学教研室的嬗变和完善。文章对中国政法大学不同时期法学教研室的数量、名称、职能的历史变化进行了系统分析，为进一步研究奠定了良好的基础。

一、北京政法学院本科法学教研室的创立和发展（1952—1982 年）

（一）本科法学教研室的创立（1952—1957 年）

1952 年，北京政法学院只有一个综合教研室，主要负责专修科和调干班学生的教学工作。1954 年，随着学校开始招收四年制本科生，到 1955 年招收研究生，法学教研室得到了不断扩充和建设。

1952 年 11 月，北京政法学院正式开学。根据人才培养的需要，学院采取了专修科和调干班两种培养模式。直到 1954 年学院进行了学制改革，开始招收四年制本科生，学院的办学才逐步走向正规化。

建校初，学院仿照苏联教学模式成立了一个综合教研室，负责政治理论和专业课的教学和科研工作。教研室下设一名主任，三名副主任。主任是徐敬之，副主任是鲁直、芮沐和严景耀[1]。但由于教师缺乏，全校只有 26 个教员，只能设理论业务辅导组和文化教育组两个专业小组，在教研室下还设有研究组，主要进行科研工作。1953 年 1 月在《北京政法学院组织机构与工作任务》中对教研室的职能有了进一步阐述，"教研室的工作任务为理论、业务指导、辅助教学及文化教育等工作。理论辅导组根据课程内容，草拟学习要点，上辅导课，分别搜集有关资料，研究

---

[1] 中国政法大学档案馆馆藏：《1952 年北京政法学院教学工作总结》。

解答疑难问题及答案纲要。此外还要负责干部理论业务学习指导。文化教育组负责语文和历史教育。研究组负责学习资料的搜集、研究和整理工作"[1]。

其后随着学院师资力量的加强,教研室的规模不断扩大。1953 年 9 月,在新学年开始之时,学院对教研室进行了调整,将原来的综合教研室分设为马列主义经济问题教研室、中共党史教研室、法的业务教研室、文化教育组和研究组。此后随着学院教学科研工作的开展,教研室得到了进一步的建设,从建院时的 1个综合教研室到 1955 年的 2 个法学教研室。1955 年,为了培养民法、民诉、刑法、刑诉、司法鉴定等专业的研究生,学院专门从苏联聘请了两名法学专家。教研室力量得到了进一步扩充。法学教研室增长到了 7 个。详细情况见表 1:

表 1 1952—1957 年北京政法学院法学教研室情况列表

年 度	数 量	教研室设置情况
1952 年	1	只设有一个综合教研室,下设理论业务辅导组和文化教育组负责教学工作,下设的研究组负责科研工作。
1953 年	1	从综合教研室中分离出法的业务教研室。
1954 年	1	国家法权理论及国家法教研室。
1955 年	2	国家法权理论及国家法、民刑法教研室。
1956—1957 年	7	为了培养民法、民诉、刑法、刑诉、司法鉴定等专业的研究生,教研室增加到 7 个,分别是国家法、国家与法的理论、国家与法的历史、刑法、刑诉、民法、民诉教研室。

[1] 中国政法大学档案馆馆藏:《北京政法学院组织机构与工作任务》。

（二）曲折发展中的法学教研室（1958—1970 年）

从 1958 年开始，学院将劳动作为教育工作的重要内容，教研室的工作受到了一定程度的影响。1961 年教育部草拟了《教育部直属高等学校暂行工作条例（草案）》（以下简称《高教六十条》），其中明确提出高等教育必须以教学为主，一切工作都要围绕提高教学质量来进行，使学校教研室的工作重新得到恢复。

1966 年 10 月，北京政法学院所有机构被撤销，学校各项工作，包括教学科研工作均陷入停顿[1]。1970 年底，北京政法学院被宣布撤销。详细情况见表 2：

表 2　1958—1966 年北京政法学院法学教研室列表

年　度	数　量	教研室设置情况
1958 年	7	较 1957 年无变化。分别是国家法、国家与法的理论、国家与法的历史、刑法、刑诉、民法、民诉教研室。
1959 年	5	将民法、民诉、刑法、刑诉合并为刑法、审判法教研室。分别是国家与法的理论、国家与法的历史、国家法、刑法、审判法教研室。
1960 年	4	刑法、审判法教研室合并为一个政策法律教研室。分别是国家与法的理论、国家与法的历史、国家法、政策法律教研室。
1961 年	5	将政策法律教研室分为政策法律、刑事侦查学 2 个教研室。分别是国家与法的理论、国家与法的历史、国家法、政策法律、刑事侦查学教研室。

---

〔1〕　刘长敏主编：《甲子华章：中国政法大学校史：1952—2012》，中国政法大学出版社 2012 年版，第 82 页。

续表

年 度	数 量	教研室设置情况
1962 年	6	将政策法律教研室分为民刑法教研室和诉讼法教研室。分别是国家与法的理论、国家与法的历史、国家法、民刑法、诉讼法、刑事侦查学教研室。
1964 年	4	将民刑法和诉讼法教研室合并为政策法律教研室，分别是国家与法的理论、国家与法的历史、国家法、政策法律教研室。
1965—1966 年	2	学校教学科研工作基本陷于停滞，只有国家法、法律业务教研室。

（三）复办后的法学教研室（1979—1982 年）

随着思想的解放，1979 年复办后的北京政法学院在课程体系上更加科学、合理，法学专业课也更加丰富和完善，法学教研室数量有了稳步增加，教研室除了承担基本的教学科研任务之外，还承担了编写教科书、起草重要法律和宣讲等工作任务。

复办后的北京政法学院十分重视教材的编写和科研工作。大部分教研室都抽调了教员去承担司法部和教育部所组织的高等法律院校的法学教科书的主编或编辑的任务，如《法的理论》《中国法律思想史》《中国法制史》《外国法制史》《宪法学》《刑法学》《刑事诉讼教程》《民法学》《民事诉讼法教程》《婚姻法教程》《刑事侦查学》《证据学》等。学院还抽调了教师参加了《中华人民共和国刑法》《中华人民共和国刑事诉讼法》《中华人民共和国民事诉讼法》《中华人民共和国婚姻法》等重要法律的起草工作。为了配合刑法和刑事诉讼法的学习和宣传，负责这两门课的老师，先后在北京、天津、河北、河南等地进行多次宣讲，还参加了"中央宣讲班"的讲义编写和课程的讲授任务[1]。
由于课程体系得到了更加科学、合理的建设，法学专业课也更加
丰富和完善，法学教研室数量有了稳步增加。详细情况见表3：

表3　1979—1982年北京政法学院法学教研室列表

年　度	数　量	教研室设置情况
1979年	10	随着法律专业课的丰富和完善，法学教研室增多。分别是国家与法的理论、刑法、刑诉、民法、民诉、经济法、国家法、国际法、法制史、刑事侦查学教研室。
1980—1981年	9	将民诉和刑诉教研室合并为诉讼法教研室。分别是国家与法的理论、法制史、国家法、国际法、刑法、民法、诉讼法、刑事侦查学、经济法教研室。
1982年	10	将诉讼法教研室拆分为民诉和刑诉。分别是国家与法的理论、法制史、国家法、国际法、经济法、刑法、刑诉、民法、民诉、刑事侦查学教研室。

二、中国政法大学本科法学教研室的嬗变和完善（1983—2016年）

（一）设系分专业后的法学教研室（1983—2001年）

从建校初只有一个法律系到设立了法律系、经济法系和政治
系，之后又成立了国际经济法系，随着系别细分，我校法学教研
室的数量有了质的飞越。学校也制定了相关的规定，细化了教研
室的职责和规范了教研室主任和副主任的聘用办法。

1. 设系分专业设想的提出

为了贯彻落实中央关于"把中国政法大学办成全国政法教育

---

〔1〕　中国政法大学档案馆馆藏：《1981年北京政法学院的沿革和现状》。

中心"的指示,学校确定了"立足本科教育,办好研究生教育,发展成人教育,多方兼顾,均衡发展"的发展方向,进而开展了教学体制改革,提出了设系分专业的设想,为将中国政法大学建设成为一所以法学为主、多科系的重点大学奠定了基础。

1983 年中国政法大学在北京政法学院的基础之上正式成立。并于当年列入了重点院校第一志愿录取,使得本科生源质量得到了保障。1983 年 6 月,为了提高教学质量,本科生院院务委员会决定实行教研室主任负责制,要求各教研室必须把提高教学质量放在第一位[1]。

1983 年 9 月,我校召开了科研工作座谈会,讨论了我校新学科建设的问题。提出我校将设法学、政治学、社会学、刑事侦查学等专业,有许多课程亟待加强,例如犯罪心理、青少年犯罪问题、行政法学等。当前可以组织人力,逐步攻关建设,在条件成熟时再发展为教研室或研究所,已设有教研组织的可充实人力,尚未设立的从工作搞起,不要在一穷二白的情况下先搭空架子,应讲求实效[2]。根据学校新学科建设的需要,1983 年学校增设了犯罪心理学教研室,1984 年又增设了行政法、劳改法和司法制度三个法学教研室。其中劳改法教研室承担了开设本科生专业课和编写劳改法学教材和教学参考资料的工作,为 1986 年学校开设劳改管理学专业奠定了基础。1984 年 8 月学校成立了教改小组,通过多方讨论,初步提出了设立法律系、经济法系、政治系和基础部的设想。详细情况见表 4:

---

〔1〕 刘长敏主编:《甲子华章:中国政法大学校史》,中国政法大学出版社 2012 年版,第 122 页。

〔2〕 中国政法大学档案馆馆藏:《中国政法大学科研工作座谈会纪要》,(83)校发字 9 号。

表4　1983—1984 年本科法学教研室列表

年　度	数　量	教研室设置情况
1983 年	11	根据新学科建设需要，增设了犯罪心理学教研室。分别是国际法、经济法、刑事侦查学、国家与法的历史、国家与法的理论、国家法、民法、刑法、刑事诉讼法、民事诉讼法、犯罪心理学教研室。
1984 年	14	根据新学科建设需要，增设了行政法、劳改法、司法制度 3 个教研室。分别是国际法、经济法、刑事侦查学、国家与法的历史、国家与法的理论、国家法、民法、刑法、刑事诉讼法、民事诉讼法、犯罪心理学、行政法、劳改法、司法制度教研室。

2. 设立三个系和增设国经系

1985 年 4 月，司法部批准了学校关于分系、设立基础部的机构设置方案。三个系分别是法律系、经济法系和政治学系。随着分系工作的结束，学生开始分系上课，各法学教研室也被划分到了法律系和经济法系之下承担起了教学科研工作。为了贯彻中央关于加强培养政法干部队伍专业素质的指示精神，为劳改、劳教系统培养有较高文化程度和专业水平的管理人才，1985 年 10 月，学校向司法部和教育部请示设立劳改管理学专业。

1985 年法律系下设法学基础理论、法律思想史、宪法、行政法、刑事诉讼法、刑事侦查学、劳改法、犯罪心理学、青少年犯罪、法制史、国际法、民法、民事诉讼法、刑法等 14 个教研室，其中青少年犯罪教研室是新成立的。经济法系分为经济法专业和国际经济法专业，下设有经济法基础、部门经济法、财政金融法、经济管理学和国际经济法等 5 个教研室，这 5 个教研室是由之前的经济法教研室衍生而来的。1986 年除了法律系下设的青少年犯罪教研室改为了青少年犯罪研究室之外，其余无变化。1987
年法律系增设婚姻法教研室。经济法系增设经济法综合课教研室
和经济法研究室。1988 年法律系教研室无变化，经济法系经济法
综合课教研室改为经济法概论教研室。

随着改革开放的不断深入，国家对涉外法律人才的需求量日
益增大，1989 年 3 月，中国政法大学国际经济法系宣告成立。国
经系成立后将国际法教研室和国际经济法教研室归到了其下。
1990 年法律系新成立了律师学教研室。1991—2002 年院系调整
前，教研室情况无大变化，就不再赘述。详细情况见表 5：

表 5　中国政法大学 1985—2001 年法学教研室设置情况

系别	年度	数量	教研室设置情况
法律系	1985 年	14	国家与法的理论、国家与法的历史和国家法教研室分别改为了法学基础理论、法制史和宪法教研室，增设了青少年犯罪教研室。分别是法学基础理论、法律思想史、宪法、行政法、刑事诉讼法、刑事侦查学、劳改法、犯罪心理学、青少年犯罪、法制史、国际法、民法、民事诉讼法、刑法教研室。
	1986 年	13	青少年犯罪教研室改为青少年犯罪研究室，分别是法学基础理论、法律思想史、宪法、行政法、刑事诉讼法、刑事侦查学、劳改法、犯罪心理学、法制史、国际法、民法、民事诉讼法、刑法教研室。
	1987—1988 年	14	增设了婚姻法教研室，分别是法学基础理论、法律思想史、宪法、行政法、刑事诉讼法、刑事侦查学、劳改法、犯罪心理学、法制史、国际法、民法、民事诉讼法、刑法、婚姻法教研室。

续表

系别	年度	数量	教研室设置情况
法律系	1989年	13	国际法教研室归入国际经济法系，分别是法学基础理论、法律思想史、宪法、行政法、刑事诉讼法、刑事侦查学、劳改法、犯罪心理学、法制史、民法、民事诉讼法、刑法、婚姻法教研室。
	1990年	13	撤销了婚姻法教研室，增设了律师学教研室，分别是法学基础理论、法律思想史、宪法、行政法、刑事诉讼法、刑事侦查学、劳改法、犯罪心理学、法制史、民法、民事诉讼法、刑法、律师学教研室。
经济法系	1985—1986年	5	经济法教研室衍生出经济法基础、部门经济法、财政金融法、经济管理学和国际经济法5个教研室。
	1987—1988年	6	增加了经济法概论教研室，分别是经济法基础、部门经济法、财政金融法、经济管理学、国际经济法和经济法概论教研室。
	1989年	5	国际经济法教研室归入到国际经济法系，分别是经济法基础、部门经济法、财政金融法、经济管理学和经济法概论教研室。
	1990年	5	根据学科建设和课程设置需要，增设了企业法、合同法、科技法教研室，分别是财政金融、企业法、合同法、科技法、经济法概论教研室。
国际经济法系	1989—1990年	2	国际法和国际经济法教研室。

3. 进一步明确教研室职责

为了进一步提高学校本科教学质量，学校对教研室工作提出了新的要求，对教研室职能做出了相应规定，并于 1995 年开展了教研室主任、副主任的聘用工作。

1990 年《法律系工作要点》中提到了教研室要做好以下几方面的工作：一是要严格教学纪律，要求教员为人师表，做到教书育人；二是要继续抓紧教材配套建设，着重抓好法理、宪法、刑法、民法、刑诉、民诉等六门课程教学的教材配套建设；三是要继续进行教学法的研究，计划于下半年召开教学法经验交流会；四是要继续抓紧教学评估工作，要求已经展开教学评估的教研室总结经验[1]。

1995 年，我校提出了"从硬件上改善办学条件，从软件上提高管理水平，为提高我校以本科为主的教学质量而奋斗"的教学工作指导思想。为了提高本科教学质量，教研室围绕教学方法和教材建设两个重点开展了新的探索。一是改进教学方法，提高教学质量。以教研室为单位，开展教学活动，建立起有关的制度，如集体备课制度、进行教学法研究活动制度，互相观摩教学制度，改进教学方法，提倡多种形式进行教学，调动学生学习的主动性，积极性，提高教学质量。二是加强教材建设。各教研室根据教务处提出的教学大纲编撰规范，编写教学大纲[2]。

为了深化学校人事制度改革，1995 年 4 月，学校下发了《中国政法大学教研室主任、副主任聘任实施办法》，明确了教研室是组织教师从事教学活动的基本单位。规定了每个教研室设主任 1 名，10 人以上（不含 10 人）的教研室另设副主任 2 名，10 人

---

〔1〕 中国政法大学档案馆馆藏：《中国政法大学法律系 1990 年工作要点》，第 1~
2 页。

〔2〕 中国政法大学档案馆馆藏：《中国政法大学 1995 年教学工作要点》，校字
（95）第 030 号。

以下（不含 10 人）的教研室另设副主任 1 名，每届任期为 3 年[1]，并对聘任条件和程序做出了明确规定。

（二）校院二级管理下的法学研究所（教研室）（2002—2016 年）

为了建设一流的师资队伍和一流的学科，促进我校建设"研究型、多科性、开放性、特色鲜明的世界知名的高水平大学"目标的实现，学校在 2002 年进行了院系调整，教研室逐步被研究所取代，为将我校建成研究型大学提供实体上的支撑。

1. 撤系建院后的法学研究所（教研室）

早在 1998 年 7 月，我校就召开了本科生教学工作研讨会，根据教育部全日制普通高校本科生专业目录的调整，会议提出了修订教学计划的初步方案和本科教学管理体制改革的设想：第一步，在一定时期内保留现有的系部不动，对各教研室适当合并；第二步，在条件成熟的时候，撤销现在系的编制，成立法学院（相应成立其他学院，基础部、体育部保留），在法学院下直接设教研室，教师根据各自的专业所长，归属不同教研室[2]。

我校于 2000 年正式划归教育部，新的领导班子将撤系建院的设想付诸实践。2002 年 5 月，我校按《普通高等学校编制管理规程》，根据自身办学特点和实际情况，并借鉴其他高校的经验，重组教学、科研和教辅机构，建立校、院（部）二级管理模式：学院（教学部）是基层教学行政管理实体，为处级机构，没有本科生的不设院。院之下有硕士点的学科组建研究所，负责组织教

---

[1]　中国政法大学档案馆馆藏：《中国政法大学教研室主任、副主任聘用办法实施》，校字（95）第 060 号。

[2]　刘长敏主编：《甲子华章：中国政法大学校史：1952—2012》，中国政法大学出版社 2012 年版，第 183 页。

学、科研和研究生培养工作；无硕士点的组建教研室，负责组织教学和科研工作。研究所（或教研室）所长由所（室）自身推选或院内任命产生，不具有行政管理的职责和级别[1]。全校教师及科研人员本着"人跟着学科课程走，学科课程跟着专业走"的原则进行流动。法学科研人员按其所在学科进行分流。院（部）以研究所或教研室为依托，设立特色学科和优势学科的研究中心。

为了将我校建成研究型大学，法学研究所取代了原有的教研室（无硕士点的除外）。研究所作为一种新型的教研组织，逐步继承了教研室的职能，并承担起了研究生的培养工作。以"国际经济法研究所"为例，它的前身是中国政法大学原经济法系的"国际经济法教研室"。2002 年，国际经济法系改为"国际法学院"后，"国际经济法教研室"改称为"国际经济法研究所"。"国际经济法研究所"现有教师 14 人，该所除了承担本科生、双学位、硕士研究生和博士研究生的教学工作之外，还承担了国家、省部级等多项研究项目。

2002 年学校重组的 12 个学院中主要承担法学本科教育的学院为法学院、民商经济法学院、国际法学院和刑事司法学院。其中法学院下设的研究所（教研室）从 2002 年至 2016 年逐年增加至 9 个，其他三个法学院教研室数量和名称无较大变化。详细情况见表 6：

---

〔1〕 中国政法大学档案馆馆藏：《中国政法大学教学、科研和教辅单位机构改革方案》，校字（2002）134 号。

表6　中国政法大学2002年至今法学研究所（教研室）设置情况

院别	年度	数量	研究所（教研室）设置情况
法学院	2002年	6	学院下有硕士点的学科组建研究所，负责组织教学、科研和研究生培养工作；无硕士点的组建教研室，负责组织教学科研工作。设有法理学研究所、宪法学研究所、行政法学研究所、刑法学研究所、法律职业伦理研究所和法律语言教研室。
	2010年	8	根据研究生培养需要和教学工作需求，增设军事法和实践教学教研室。分别为法理学研究所、宪法学研究所、行政法学研究所、刑法学研究所、军事法研究所、法律职业伦理教研室、法律语言教研室和实践教学教研室。
法学院	2016年	9	根据学科建设需要，增设立法学研究所。分别为立法学研究所、法理学研究所、法律史研究所、宪法学研究所、行政法学研究所、军事法研究所、实践教学教研室、法律职业伦理教研室、法律语言教研室。
民商经济法学院	2002—2016年	7	环境资源法研究所、社会法研究所、财税金融法研究所、知识产权法研究所、民商诉讼法研究所、经济法研究所、商法研究所和民法研究所。
国际法学院	2002—2016年	3	国际公法研究所、国际私法研究所、国际经济法研究所。
刑事司法学院	2002—2009年	6	侦查学研究所、犯罪学研究所、狱政学研究所、青少年犯罪研究中心、刑事诉讼法教研室和刑法教研室。
	2010—2016年	5	撤销了狱政学研究所。

2. 明确教研室设置原则

我校为了加强基层教学组织建设，优化教学组织机制，促进教学科研工作的开展，保障和提高教学质量，依据学校规章，结合学校的实际，制定了《中国政法大学基层教学组织规程》和《跨学科教研室建设办法》。对新形势下学校研究所（教研室）的设置原则和程序、职责、人员聘任等问题进行了规定。

2014 年 6 月，学校印发了《中国政法大学基层教学组织规程》，明确了研究所（教研室）的设置原则：其一，各学院、教学部根据自身实际和教学需要设置研究所和教研室。有硕士点的可以根据二级学科或者学科方向设置研究所，无硕士点的可以根据教学需要设置教研室。应严格控制按学科方向设置的研究所；其二，按照二级学科设置研究所的，由院（部）组织论证，经院（部）学术委员会（或者教授委员会）审议通过后，报教务处和研究生院备案；教研室的设置，由院（部）组织论证，经院（部）学术委员会（或者教授委员会）审议通过后，报教务处批准；以学科方向设立研究所的，由院（部）提出申请，发展规划与学科建设处组织论证以后可以设置，经院（部）学术委员会（或者教授委员会）审议通过后，报教务处和研究生院审核，并经分管教学工作副校长批准。该规程还就落实教学任务、开展教学研究和推动教学改革等方面进一步细化了研究所和教研室承担的职责，并对研究所所长、副所长、教研室主任和副主任的任职人数和聘用条件进行了规定。为了满足复合型、创新型人才培养的需求，2015 年 12 月，学校印发了《跨学科教研室建设办法》，为建设交叉型教学创新团队提供了依据。

（三）本科法学教研室沿革的思考

从北京政法学院到中国政法大学，我校法学教研室已走过了60多年的历程，综上来看，有以下几点思考：

第一，我校法学教研室数量呈现逐步递增的趋势。1952年，北京政法学院建院时仅有26名教员，只有一个综合教研室，下设理论业务辅导组、文化教育组和研究组来开展教学研究工作。随着1957年苏联专家来校招收研究生，师资力量得到充实，课程设置更加丰富，教研室数量增至7个。然而1966年教研室数量减至2个。1979年复办之后，随着学校课程体系的建立和健全，法学教研室数量逐渐增加。1983年，中国政法大学在北京政法学院的基础上正式成立，学校确定了立足本科生教育的发展方向，进而开展了教学体制改革，成立了法律系、经济法系和政治学系。系别的细化和新学科的建设使得法学教研室的规模有了较大变化，1989年增至20个，并持续平稳发展十几年。2002年，学校重组了教研和教辅机构，教研室逐步被研究所取代，2016年学校的法学研究所（教研室）数量增至24个。整体趋势见图1：

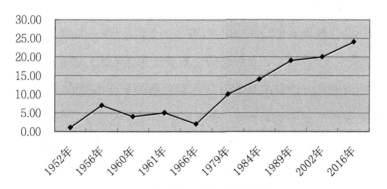

图1　法学教研室发展趋势图

第二，法学教研室职能逐步完善。随着社会经济环境和大学职能的变化，作为学校基层教学组织的教研室职能发生了演变。20 世纪 50 年代初，与计划经济体制相适应，我校法学教研室在教学管理方面发挥了有效的作用，保证了教学工作的组织性和计划性。1961 年《高教六十条》颁布实施，大力鼓励科学研究，教研室逐渐走上教学与科研相结合、理论与实际相结合的道路。1965—1966 年，我校法学教研室职能的发展基本处于停滞状态。1979 年复办之后，法学教研室除了承担基本的教学研究任务之外，还为司法部和教育部编写系列法学教科书，起草《中华人民共和国刑法》《中华人民共和国婚姻法》等重要法律。20 世纪 90 年代以来，为了提高本科教学质量，教研室围绕教学方法和教材建设两个重点开展了新的探索。为实现将我校建成研究型大学的办学目标，2002 年院系调整之后，研究所逐步取代了教研室。研究所作为新型的教研组织，继承了教研室原来的职能，还承担起研究生培养的职责。

第三，法学教研室的设置原则更加科学规范。1952 年建校初期，学院只有一个综合教研室，之后根据课程的设置，法学教研室从综合教研室中分离并逐渐增多。1961 年教育部颁布实施的《高教六十条》第 53 条对教研室的设置做了规定：教研室是按照一门或者几门课程设置的教学组织。随着法学专业课程的增设，法学教研室数量不断增多。按照法学课程来设置教研室的状况于学校复办之后有了转变。1979 年试行的《全国重点高等学校暂行工作条例》中指出，"教研室是按专业或课程设置的教学组织"。据此，我校开始根据新建的专业增设教研室，如犯罪心理学教研室等。根据专业或者课程设置教研室的原则随着法学学科自身的发展需求和学校办学目标的转变而有了改变。1998 年，根据教育部全日制普通高校本科生专业目录的调整，学校提出了撤系建院的设想。2000 年，学校正式划归教育部，新一届领导班子将这一设想付诸实践。2002 年，学校以学科建设为导向，重组了教研和教辅机构，实现了校院二级管理模式。规定院之下有硕士点的学科组建研究所，无硕士点的组建教研室。2015 年 6 月，学校印发了《中国政法大学基层教学组织规程》，进一步规范了研究所（教研室）的设置原则：规定有硕士点的可以根据二级学科或者学科方向设置研究所，无硕士点的可以根据教学需要设置教研室。同年 12 月，学校又印发了《跨学科教研室建设办法》，为建设交叉型教学创新团队提供了依据。

中国政法大学"法学二外"特色课程体系优化研究

◎贾娜琳捷 *

摘　要:"法律+第二外语"是随着全球政治、经济建设的迅猛发展和贸易全球化应运而生的。法律外语人才作为法律人才与外语人才的复合型产物,在语言和法科类别课程的基础上发展起来。随着我国政治、经济、外交需要的迅猛发展和在全球市场中地位的不断提升,其需求量也与日俱增。时至今日,法律英语人才已不能完全满足大国发展之时势,"法律+第二外语"人才逐渐进入人们的视野,成为国家、高校、企业培养的重点人才之一。本文以我校法律语言实验班为切入点,研究高校法学二外人才的培养情况,以期为我校构建完整的课程评估体系,为优化改革高校培养法学二外人才方案提供样本支持和资源。

＊　贾娜琳捷,中国政法大学商学院教师。

关键词： 法学二外　复合人才　课程建设

一、国内高校"法学二外"特色课程发展背景

"法学二外"特色课程最早追溯至 1987 年，最高人民法院委托北京大学、中国人民大学为法院干部培训提高英、法、日、俄等四种外语水平。自 2001 年加入 WTO 以后，2002 年至 2005 年呈现出第一个培养"法律+外语"复合型人才的小高峰，超过十地的高校学者们将设置法律英语课程、培养法律英语人才投入实践，实现我国法律专业的双语教学。而后随着东盟发展、"一带一路"建设和经济全球化潮流的强劲推动，"法律+第二外语"复合人才培养得到了社会和学界的高度重视。2013 年，广西多校首次提出建设"法律+非通用外语"复合型人才培养的构思，国际化小语种法律人才正式成为待研究的目标。2015 年，"一带一路"倡议正式通过，关于法律外语人才的培养需求和培养机制的探讨进入高潮，众多高校以"一带一路"倡议为背景，着力培养新时代复合型、应用型、创新型法律人才，语种也由最初的四种扩展为六十余种。由此可见，不论对国家还是高校来说，培养"法律+第二外语"复合型人才的需求都越来越迫切，而复合型法律外语人才的天地也将愈发广阔。

2018 年《关于建立"一带一路"国际商事争端解决机制和机构的意见》指出，我国的法学教育应当培养、建立一支"通晓国际规则、具有世界眼光和国际视野的高素质涉外法律服务队伍"，继续为"一带一路"注入人才动力。为响应国家号召、回应社会需要，全国各政法类高校在"双一流"学科建设推动下，纷纷启动"法律+第二外语"特色实验班培养计划。

近年来，随着"一带一路"倡议的实施和对外交流的扩大，我国明显提升了对多语种复合型人才的培养力度，双一流学科建设也刺激着高校加大对涉外人才的培养投入。2018 年，《关于建立"一带一路"国际商事争端解决机制和机构的意见》对外公布，该文件明确提出，我国的法学教育需培养、建立一支"通晓国际规则、具有世界眼光和国际视野的高素质涉外法律服务队伍"，为"一带一路"倡议的持续有序推进注入人才动力。

作为响应，众多政法类高校开始实施特色化培养，采取增加"二外"特色课程、创建实验班等措施，积极开展"法学+二外"复合型人才的培养实践。中国政法大学卢春龙教授在《建设一流本科教育的基础与路径：基于中国政法大学的思考》一文中指出，完善人才培养模式是打造一流本科教育、培养复合型法律人才的重要举措。

具体来看，中国政法大学创办了涉外法律人才培养模式实验班与法学专业西班牙语特殊人才实验班，并于 2019 年开设了包括法语、意大利语等五个语种在内的法学多语种通识教育特色课程；西南政法大学开设涉外法律人才实验班，建立中国-东盟高端法律人才培养基地、开设涉外专业课程；华东政法大学开设了涉外卓越商事法律人才培养实验班，培养具备日语背景的复合型法律实务人才，同时开展"3+1"式的中外联合培养。但目前对于此类特色方案的实施效果、优化路径的研究长期欠缺。由于"法学+二外"人才培养起步较晚、范围较小，故国内学界相关研究甚少，且多偏向介绍整体的培养目标与培养手段，对具体实施效果的调查研究较为空白。丁卫在《培养涉外卓越法律人才》一文中，利用实证调查的方法，对该校涉外特色班进行探讨。除此之外，却罕见对于政法类高校语言类特色培养方案的调查，缺乏"法学+二外"培养理念下对课程体系如何改进的探讨。

二、中国政法大学"法学二外"特色课程体系评价的现状

（一）我校法学二外特色课程设置现状

1. 西班牙语实验班课程设置现状总结

中国政法大学的西语实验班在原本一般法学生的基础培养方案上添加了西语实验班外语课组、西班牙语法律类课程组、西班牙语语言类课程组三个特色课组，大一、大二主要推荐西语实验班外语课组和语言类课组中两个基础类课程：西班牙语视听说、第二外语（英语），旨在于大一、大二为同学们打下坚实的语言基础，做到能够流畅的听、说、读、写，为后续融合"法律"与"小语种"做铺垫。大三、大四则是三个课组的全面开放，在更进一步学习语言的同时，开始进行语言与法律融合的课程。

其中，西班牙语语言类实验课组更加偏向于对西班牙语听说读写能力的培养以及相应 DELE 考试的辅导，更设有部分西语国家文化科普类课程，为学生未来留学或出国工作奠基；而西班牙语法律类课程组则是学习西语国家的法律制度，了解其基本国情，是真正体现复合人才培养方案的核心课组。但是由于本科阶段能力、课程量有限，所能接触的知识也较为初级，所以最终的复合人才培养目标能否在四年内实现、课程体系的安排是否合理，是否能够满足学生现实需求还有待进一步考察。

2. 涉外实验班课程安排设置现状总结

中国政法大学涉外班作为本校设立较久的实验班，拥有一套较为完整的课程体系，且可自由选择是否兼修二外语言。除了在

法律课组中额外添加了许多国外法与国际法课程，并且开放了许多覆盖更加全面的语言类课程，包括外语课组与语言类课组两个课组，大部分只对选择修习法语的同学开放。外语课组包括英语与法语两个课组，每个同学都必须选择一种语言，旨在为复合型教育打下语言基础。语言类课组则涵盖了从基础的语言学习的课程到国家国情介绍与"法学+二外"融合类课程，课程开放种类丰富，学生可根据自己的需求选择不同的方向学习。但是由于涉外班法学课程压力颇重，所以对"二外"的课程安排和时间安排较少，究竟是否能达到复合人才的培养目标还有待考证。

（二）我校"法学二外"特色课程实践方案

我校的西班牙语特色实验班、涉外人才培养班，以及其他同类院校，例如华东政法大学的"涉日卓越"法律人才培养班、西南政法大学的"一带一路"实验班等特色课程班，在培养涉外人才、建设国际化校园方面进行了有益探索。同时，各高校积极为特色实验班采取配套措施，设置了特殊的语言培育板块，开展多种"法律+语言"的复合型课程，使得外语培训资源在根本上由英语过渡为向第二外语倾斜。实践证明，各高校的特色实验班在"法学+第二外语"课程开设上进行了有益尝试，为向社会输送对外联通岗位的法科人才做出了贡献，但亦存在着巨大的进步完善空间。

在高校实践方案中，我校法学语言实验班的设置十分突出，包括西班牙语特色实验班、涉外人才培养班和 2019 年新开展的通识必修特色语言班，囊括西、法、日、俄、德等数种语言。除修读语言类课程外，语言实验班学生还需修满小语种法律类课程的学分，对外国法律著作、法律术语、法律案例、国情概况等有所涉猎，以便在未来职业中参与国别化、区域化法律事务。然而"法律+外语"的小班式教学和过于前卫的学科设置，同样存在着教育方式、教学资源等多方面的缺陷，语言班课程多围绕语言和法律两个大模块进行分别教学，其割裂式课程并不能在有限的时间中培养足量、足质的复合型法律外语人才，也不能保证培育对象未来从事职业与所修专业的相关性。换言之，法律语言课程的开展尚缺乏一种相应完备的、有说服力的课程体系建构，对于各门课程建构的必要性和可行性缺乏系统的理论支持和设置原则。

三、中国政法大学"法学二外"特色课程发展问题

涉外班法语二外的课程体系的安排以 A2（语言等级）为目标，预期在两年内完成对法语的初步学习和全部课堂教授内容，在大三、大四则由学生自由学习。在采访中，朱琳老师解释道，涉外班部分同学选择学习法语而非进修英语，一方面是出于兴趣，另一方面则是由于学习法语有助于研读法国原著文件，有助于学术研究。但由于法语课程相对较难，课时安排少量且紧凑，课堂传授内容十分有限，属于"师傅领进门，修行靠个人"的状态，较依赖学生课后自主、自发地拓展与钻研。

现时存在的问题有：第一，存在学生希望对法学二外语言班课程体系进行改良，而老师认为难以改良的矛盾。随着年级升高，学生对课程体系安排的满意度越发降低，认为课程进度过慢、并不能实现在语言班伊始预设的目标。大一时有超过半数同学认为课程安排适中，而随着年级上升在大四时认为适中的数量仅占调查人数的 30% 左右，与此相反的是，认为课程较慢的人数则在四年内从 25%～67% 呈飞速上升趋势。再如，大一学生对语

言班总体满意度较高，基本维持在 70%优良状态，但随着年级升高，当前课程体系可能不再满足学生入门后精进的多样化、专业化的设置需求，于是满意度明显降低。

通过对语言班老师、学生的采访我们了解到，涉外班的"二外"课程仅维持在大一、大二，西语班尽管在四年内保留了语言课程，但涉及法律的内容着实有限。一方面，语言班课程体系囿于校课时安排，难以进行变动和增补，在语言基础薄弱的前提下很难进行法律课程的训练；另一方面，在教授语言类课程的教师当中，也只存有相当部分具有法学背景的教师能够进行融合类授课，更多时候将法律与语言联系起来还要依赖学生本人。从宏观来看，这两方面的问题都对"法学二外"语言班课程体系的完善带来了重大挑战，然而校内至今也无对此类问题的模式化评估，不能清晰、准确地认识问题，自然也无从下手解决，因此须先有评价才能有所进步。

第二，存在对课堂授课方式进行多元化设置，以培养能力的需求，与现在课堂效果并不能满足需求的矛盾。目前学生以出国为意向研读"法学二外"课程的，但是中高低年级学生普遍认为自己水平不能够达到出国留学水平。由此推知，并非学生不想或不愿出国留学，将日常交流、听说读写的基本水平作为进入语言班的最终目标，而是在课程培养过程中逐渐认识到自己的不足，却难以改善或弥补的情况，这无疑与课程体系的设置与课堂学习的效果息息相关。语言班的培训课程在完善授课效果、普及学习资源资料、开发学生主观能动性等方面仍有较大的进步空间。

四、中国政法大学"法学二外"特色课程优化措施

我校开展法学和第二外语结合的课程屡见不鲜，但开设以第二外语为主语言进行法律研讨的课程较少，将来有志于深入从事学术研究的学生，有依据学校培养方案或自主学习第二外语的必要，且法学、语言二者的分别学习并不能完全满足未来精进的需求，需要在本科阶段就达到一定融合法学和第二外语的学习水平。

对于将来有志于深入从事学术研究的，且在拟研究的方向（如刑法），非英语国家处于较领先地位的，有必要学习"二外"。与单纯的语言学习不同，"二外的"学习需要与专业相结合，以能阅读专业文献为初级目标。

第一，针对课程体系改良有何建议问题，其中的有效反馈包括对课时设置、课程难度、法学特色、学习资源、教学方式等多方面的建设性意见，更有许多受访者提出应当融合法学与第二外语的课程，或增加相关语言法学课的数量。涉外班的课程种类较为多样，包括精读法律著作、法律案例、文学课本、报刊等，但平均课时在每周1~2课时不等，课堂参与程度一般，学生学习语言突出者不多，相应的与法学相结合者更少。考虑到学生的语言水平和法学能力，在本科阶段注重结合语言和法律并没有太大需要，但在研究生阶段对第二外语的精进确有必要，且对法语等第二外语的学习有助于在就业中选择国际化组织与对外交流的职业。

目前涉外班的课程设置，教学大纲、课时等为法语这门课程相对比较难，而课时安排很少，不同类型的课程都有，包括精读、报刊等，但每种课大约一周只有一两个课时，教师在课堂上能够教授的有限，属于一种"师傅领进门，修行靠个人"的状态，需要学生们在课后主动进行拓展延伸。

第二，课程内容应当和法律结合，在法语专业的研究生开设法律法语这门课，因为他们有一定基础。本科同学起点太低，缺乏基本的语言知识，现在直接结合法律没有太大的意义，低年级学生也不能理解，涉外班的学习计划中，在最后一学期是有安排类似课程的，但就目前来说，在课堂上安排与法律结合的内容没有太大必要。

目前的学习资源较为丰富，因为网络发达，网络上的资源也比较方便获取。但是现在授课方式还是比较局限，一是因为课时少，课程有限，老师讲授内容受限；二是学生有畏难情绪，觉得法语很难，积极度会受到打击。课程开设中总体体系相对完善，课程设置很全面，口语、精读这些都会覆盖到，只是课时会有一定限制，需要学生在课下的主动学习，涉外班的学生很优秀，学习能力很不错，总体效果还是挺好的。

第三，通过对政法类高校的"二外"特色人才培养的调查，我们发现，该类培养方案在取得一定成果的同时，其课程体系仍然存在较大局限性，主要体现在师资配置、课程设置、教学手段等方面。以我校法学专业西班牙语特色实验班为例，部分师生反映，目前培养方案存在培养目标不清晰、第二外语学习水平低、法律与二外融合程度不足等诸多问题。可以将 CIPP 模式引入"法学+二外"特色培养方案评价体系中，以求对特定课程体系进行科学评估，从而寻求可能的课程体系优化路径，为改善复合型人才培养添砖加瓦。

第四，对课程体系改良，应该在课堂中采用多元化的教学手段以达到培养多方面能力的目的，课后定时设置习题反馈，在班内增设奖惩措施以鼓励学习，丰富学习资源，提高硬件设施基础，如设置口语教室等。类似反馈很多，并不一定完全适用，却能体现出学生对语言班老师及其课堂的憧憬之态。对课堂的授课方式与相应的学习效果进行全程化评估，是为教师积极引导、多面培养形成最佳的固定化模式，使学生的需求满足与教师的授课体验在同一时间线内达成共鸣，寻得中间的平衡点，因此学生对课堂的定时、定性反馈也确有必要。